5개의 상황별 주제로
100개의 주요 표현과 대화문 수록

3박 4일 출장

비즈니스 중국어

최진권(崔鎭權)

前) IT기업 중화권 해외영업
　　삼성전자, 삼성디스플레이 및 기업체 출강
現) 차이나知중국어 연구소 소장
　　연예인 기획사 중국어 출강
　　중국이 교재 집필 빛 강연
　　중국어 컨설턴트 활동 및 교재연구

현재 블로그 "최PD의 차이나知연구소" 운영(www.chinag.co.kr) 중에 있으며 이곳을 통해 5,100여 명이 넘는 학습자들과 매일 소통하며 중국어 학습방법을 전파하고 공유하며 중국어 교재 연구와 집필에 힘을 쏟고 있습니다. 또한 유튜브 (최PD의 중국어 공장 https://www.youtube.com/channel/UCkd0XuGWRZ46UP6UQnQ12EQ)를 통해서도 많은 분들과 소통하고 있습니다. (이메일 주소 : jkc@chinag.co.kr)

주요저서

1. 중국어중등교사 영역별기출문제 (2012 / 담음교육)
2. 중국어100문장 착한 레시피 (2013 / 담음교육)
3. 100일 만에 마스터하는 한중일공용한자800 (2013 / 담음교육)
4. 성조로 배우는 중국어 (2016 / 동인랑)
5. TSC단어장1000 (2016 / 북도드리)
6. 한 문장으로 통하는 중국어표현100 (2017 / 혜지원)
7. 일상생활 5분 중국어365 (2017 / 탑메이드북)
8. 일상생활 매일 중국어 365 (2018 / 탑메이드북)
9. 왕초보 중국어 회화 급상승 (2019 / 반석출판사)
10. 나혼자간다! 여행 중국어(2019 / 문예림)

3박 4일 출장 비즈니스 중국어

저　자　최진권
발행인　고본화
발　행　반석출판사
2019년 11월 10일 초판 1쇄 인쇄
2019년 11월 15일 초판 1쇄 발행
반석출판사 | www.bansok.co.kr
이메일 | bansok@bansok.co.kr
블로그 | blog.naver.com/bansokbooks

07547 서울시 강서구 양천로 583. B동 1007호
(서울시 강서구 염창동 240-21번지 우림블루나인 비즈니스센터 B동 1007호)
대표전화 02) 2093-3399　　**팩　스** 02) 2093-3393
출 판 부 02) 2093-3395　　**영업부** 02) 2093-3396
등록번호 제315-2008-000033호

5개의 상황별 주제로
100개의 주요 표현과 대화문 수록

3박 4일 출장
비즈니스
중국어

반석출판사
Bansok

책을 여러 권 출간하면서 항상 비즈니스 중국어 책을 내면 좋겠다는 생각을 하였고, 때마침 좋은 기회가 생겨서 이렇게 비즈니스 중국어 교재를 출간하게 되었습니다. 대학을 졸업하고 중국어 선생님이 되고 싶은 마음이 컸지만 현실적인 문제로 그 꿈을 이루지 못하고 회사에 입사하여 중화권 해외영업을 10여 년간 했습니다. 마침내 직장생활의 마침표를 찍고 꿈을 위한 도전을 하게 되었고, 비록 학교에서의 중국어 선생님의 목표를 이루지 못했지만 다른 방법으로 누군가에게 중국어를 알려주고, 계속해서 학습자들과 매일 소통하며 중국어 학습방법을 전파하고 공유하면서 중국어 교재 연구와 집필에 힘 쏟고 있습니다. 10여 년간 중화권 해외영업을 하면서 많은 중국 고객들을 만났습니다. 누군가에게는 부러운 출장이 누군가에는 고역스러운 출장이 될 수 있다는 것을 경험을 통해서 알 수 있었습니다.

본 교재는 중국 출장에서 가장 기본이 되고 필요한 상황을 총 5개의 주제로 분류하여 100개의 이야기로 정리했습니다. 주요 표현을 소개하면서 어떤 상황에서 쓰는 표현인지를 설명하고 다양한 대화문으로 문장을 익힐 수 있게 하였고, 그 상황에 맞는 또 다른 추가적인 표현을 소개했습니다.

본 교재가 중국 출장을 준비하는 모든 사람들에게 두려움을 떨치고 중국어에 한 걸음 한 걸음 다가갈 수 있는 교재가 되기를 바라면서 중국 출장길에 도움이 되기를 바랍니다. 마지막으로 본 교재가 나올 수 있도록 도와주신 임직원 모두에게 감사의 마음을 전합니다. 아울러 항상 옆에서 응원해주고 지지해준 저의 아내와 딸아이에게도 감사하다는 말을 전하고 언제나 믿고 든든한 버팀목이 되어준 가족에게도 고마운 마음을 전합니다.

최진권

총 5개의 주제로 분류하여 각 주제별로 20개의 표현으로 구성을 하였습니다.

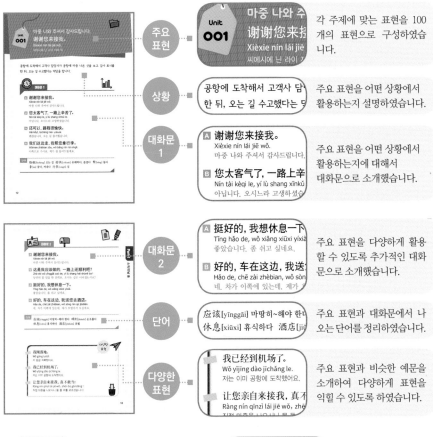

주요 표현
각 주제에 맞는 표현을 100개의 표현으로 구성하였습니다.

상황
주요 표현을 어떤 상황에서 활용하는지 설명하였습니다.

대화문 1
주요 표현을 어떤 상황에서 활용하는지에 대해서 대화문으로 소개했습니다.

대화문 2
주요 표현을 다양하게 활용할 수 있도록 추가적인 대화문으로 소개했습니다.

단어
주요 표현과 대화문에서 나오는 단어를 정리하였습니다.

다양한 표현
주요 표현과 비슷한 예문을 소개하여 다양하게 표현을 익힐 수 있도록 하였습니다.

복습하기

쉬어가는 페이지

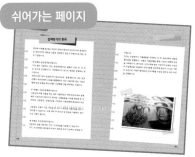

목차

Part 3 업무 중

Part 4 출장 중

Part

1

소개/만남 중

중국 출장을 가면 업체를 만나서 미팅을 진행하게 됩니다.
업체와 만나고 소개를 하는 경우가 있습니다.
만남과 소개는 비즈니스의 출발이라고 할 수 있습니다.

001 마중 나와 주셔서 감사드립니다.

002 오시느라 수고하셨습니다.

003 오래간만입니다.

004 제 명함입니다. 만나서 반갑습니다.

005 저는 중국 시장을 담당하고 있습니다.

006 저는 영업부에서 일합니다.

007 말씀 많이 들었습니다.

008 앞으로 잘 부탁드립니다.

009 제가 어떻게 호칭을 해야 할까요?

010 이분은 영업부 부장님이십니다.

011 메일로만 인사를 드리다가 직접 인사를 하게 됐네요.

012 폐사에 대해 간단하게 소개를 드리겠습니다.

013 귀사에 대해 간단히 소개 좀 해주시겠어요?

014 우선 저희 직원들을 소개하겠습니다.

015 저희 제품에 대해 소개하겠습니다.

016 짧은 시간이었지만 매우 유익한 자리였습니다.

017 이 기간 동안 덕분에 잘 있다가 갑니다.

018 제가 차를 보내 모시도록 하겠습니다.

019 전 여기서 이만 인사를 드리겠습니다.

020 앞으로 자주 연락했으면 좋겠습니다.

마중 나와 주셔서 감사드립니다.

谢谢您来接我。

Xièxie nín lái jiē wǒ.

씨에시에 닌 라이 지에 워

공항에 도착해서 고객사 담당자가 공항에 마중 나온 것을 보고 감사 표시를 한 뒤, 오는 길 수고했다는 덕담을 합니다.

대화문 1

🅰 **谢谢您来接我。**
Xièxie nín lái jiē wǒ.
마중 나와 주셔서 감사드립니다.

🅱 **您太客气了，一路上辛苦了。**
Nín tài kèqi le, yí lù shang xīnkǔ le.
아닙니다. 오시느라 고생하셨습니다.

🅰 **还可以，路程很愉快。**
Hái kěyǐ, lùchéng hěn yúkuài.
괜찮습니다. 오는 길 즐거웠습니다.

🅱 **我们这边走，我帮您拿行李。**
Wǒmen zhèbian zǒu, wǒ bāng nín ná xíngli.
이쪽으로 가시죠. 제가 짐 들어드릴게요.

단어
路程[lùchéng] 오는 길 愉快[yúkuài] 유쾌하다, 즐겁다 帮[bāng] 돕다
拿[ná] 잡다, 꺼내다 行李[xíngli] 짐

 대화문 2

A 谢谢您来接我。

Xièxie nín lái jiē wǒ.

마중 나와 주셔서 감사드립니다.

B 这是我应该做的, 一路上还顺利吧?

Zhè shì wǒ yīnggāi zuò de, yí lù shang hái shùnlì ba?

당연히 할 일을 한 건데요. 오시는 길은 어떠셨는지요?

A 挺好的, 我想休息一下。

Tǐng hǎo de, wǒ xiǎng xiūxi yíxià.

좋았습니다. 좀 쉬고 싶네요.

B 好的, 车在这边, 我送您去酒店。

Hǎo de, chē zài zhèbian, wǒ sòng nín qù jiǔdiàn.

네. 차가 이쪽에 있는데. 제가 호텔까지 모실게요.

단어

应该[yīnggāi] 마땅히~해야 한다 顺利[shùnlì] 순조롭다

休息[xiūxi] 휴식하다 酒店[jiǔdiàn] 호텔

다양한 표현

我刚落地。

Wǒ gāng luòdì.

저 방금 착륙했어요.

我已经到机场了。

Wǒ yǐjīng dào jīchǎng le.

저는 이미 공항에 도착했어요.

让您亲自来接我, 真不敢当!

Ràng nín qīnzì lái jiē wǒ, zhēn bù gǎndāng!

직접 마중을 나오시니 몸 둘 바를 모르겠습니다!

오시느라 수고하셨습니다.
路上辛苦了。
Lùshang xīnkǔ le.
루샹 신쿠 러

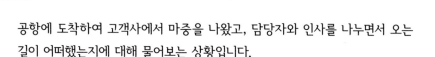

공항에 도착하여 고객사에서 마중을 나왔고, 담당자와 인사를 나누면서 오는 길이 어떠했는지에 대해 물어보는 상황입니다.

대화문 1

A 路上辛苦了, 您肯定很累吧?
Lùshang xīnkǔ le, nín kěndìng hěn lèi ba?
오시느라 수고하셨어요. 피곤하시겠네요?

B 还可以。
Hái kěyǐ.
그런대로 괜찮아요.

A 我送您去酒店休息。
Wǒ sòng nín qù jiǔdiàn xiūxi.
호텔에서 쉴 수 있으시도록 제가 모실게요.

B 好的, 谢谢!
Hǎo de, xièxie!
네, 감사합니다!

단어 肯定[kěndìng] 분명히 累[lèi] 피곤하다

14

대화문 2

Part 1

소개/만남 중

A 路上辛苦了, 路程愉快吗?
Lùshang xīnkǔ le, lùchéng yúkuài ma?
오시느라 수고하셨어요. 오시는 길은 즐거우셨나요?

B 挺愉快的, 就是有点累。
Tǐng yúkuài de, jiùshì yǒudiǎn lèi.
매우 즐거웠습니다. 그렇지만 좀 피곤하네요.

A 我送您去酒店休息。
Wǒ sòng nín qù jiǔdiàn xiūxi.
호텔에서 쉴 수 있으시도록 제가 모실게요.

B 好的, 谢谢您。
Hǎo de, xièxie nín.
네, 감사합니다.

단어 就是[jiùshi] 그렇지만　有点[yǒudiǎn] 좀, 약간

다양한
표현

路上辛苦了吧?
Lùshang xīnkǔ le ba ?
오시느라 고생하셨죠?

真是辛苦你了。
Zhēnshì xīnkǔ nǐ le.
전말 수고 많으셨습니다.

一路上真是辛苦你了。
Yí lùshang zhēnshì xīnkǔ nǐ le.
오시는 내내 정말 고생하셨습니다.

15

오래간만입니다.

好久不见。

Hǎojiǔ bú jiàn.

하우지우 부 지엔

고객사 담당자와는 출장 때마다 만나는데, 거의 반년 만에 만나서 서로의 근황에 대해 인사를 건네는 장면입니다.

대화문 1

A 好久不见。
Hǎojiǔ bú jiàn.
오래간만입니다.

B 好久不见, 最近怎么样?
Hǎojiǔ bú jiàn, zuìjìn zěnmeyàng?
오래간만입니다. 요즘 어때요?

A 还是老样子, 你呢?
Háishi lǎo yàngzi, nǐ ne?
여전하죠. 뭐. 당신은요?

B 我最近工作有点忙。
Wǒ zuìjìn gōngzuò yǒudiǎn máng.
저는 최근에 일이 좀 바빠요.

단어 最近[zuìjìn] 최근 老[lǎo] 늘 样子[yàngzi] 모습
工作[gōngzuò] 일, 일하다

16

대화문 2

A 好久不见，最近在忙什么?
Hǎojiǔ bú jiàn, zuìjìn zài máng shénme?
오래간만입니다. 요즘 뭐로 바쁘세요?

B 忙着写论文，头疼。你呢?
Mángzhe xiě lùnwén, tóuténg. Nǐ ne?
논문을 쓰느라 바빠서. 머리가 아파요. 당신은요?

A 我最近去日本旅游了。
Wǒ zuìjìn qù Rìběn lǚyóu le.
저는 최근에 일본 여행을 다녀왔어요.

B 是吗? 太羡慕你了。
Shì ma? Tài xiànmù nǐ le.
그래요? 너무 부러운데요.

단어 写[xiě] 쓰다　论文[lùnwén] 논문　旅游[lǚyóu] 여행하다
羡慕[xiànmù] 부럽다

다양한
표현

我们很长时间没见。
Wǒmen hěn cháng shíjiān méi jiàn.
우리 오랫동안 보지 못했네요.

您还是老样子。
Nín háishi lǎo yàngzi.
여전히 그대로네요.

我们什么时候见来者?
Wǒmen shénmeshíhou jiàn láizhe?
우리 언제 본다고 했죠?

Unit 004

제 명함입니다. 만나서 반갑습니다.
这是我的名片，认识您很高兴。
Zhè shì wǒ de míngpiàn, rènshi nín hěn gāoxìng.
쩌 스 워 더 밍피엔, 런스 닌 헌 까오싱

처음 만나 서로의 명함을 교환하고 인사를 하면서, 앞으로 서로 합작하여 좋은 방향으로 만들어가자고 말하는 상황입니다.

 대화문 1

A 这是我的名片，认识您很高兴。
Zhè shì wǒ de míngpiàn, rènshi nín hěn gāoxìng.
이것은 저의 명함입니다. 만나서 반갑습니다.

B 谢谢，认识您我也很高兴。
Xièxie, rènshi nín wǒ yě hěn gāoxìng.
고맙습니다. 저도 당신을 알게 돼서 반갑습니다.

A 我的公司就在这附近，有时间多过来坐坐。
Wǒ de gōngsī jiù zài zhè fùjìn, yǒu shíjiān duō guòlái zuòzuo.
회사는 이 근처에 있어요. 시간이 되시면 좀 있다 가세요.

B 好的，谢谢。
Hǎo de, xièxie.
네, 고맙습니다.

단어
名片[míngpiàn] 명함　认识[rènshi] 알다　高兴[gāoxìng] 기쁘다
附近[fùjìn] 근처

대화문 2

A 这是我的名片, 认识您很高兴。
Zhè shì wǒ de míngpiàn, rènshi nín hěn gāoxìng.
이것은 저의 명함입니다. 만나서 반갑습니다.

B 谢谢, 我也很高兴认识您, 这是我的名片。
Xièxie, wǒ yě hěn gāoxìng rènshi nín, zhè shì wǒ de míngpiàn.
고맙습니다. 저도 당신을 알게 돼서 반갑습니다. 제 명함입니다.

A 李经理, 希望我们以后合作愉快。
Lǐ jīnglǐ, xīwàng wǒmen yǐhòu hézuò yúkuài.
이 팀장님, 저희가 앞으로 즐겁게 합작하기를 바랍니다.

B 跟您合作是我的荣幸, 多多关照。
Gēn nín hézuò shì wǒ de róngxìng, duōduo guānzhào.
당신과 합작하게 되어서 영광입니다. 앞으로 잘 부탁드립니다.

단어 合作[hézuò] 합작 愉快[yúkuài] 유쾌하다 荣幸[róngxìng] 영광

다양한 표현

见到您很高兴。
Jiàndào nín hěn gāoxìng.
만나서 기쁩니다.

我的名片刚好用完了。
Wǒ de míngpiàn gāng hǎo yòng wán le.
명함을 마침 다 썼네요.

我没带名片, 一会儿给您吧。
Wǒ méi dài míngpiàn, yíhuìr gěi nín ba.
제가 명함을 가지고 오지 않아서, 좀 있다가 드릴게요.

저는 중국 시장을 담당하고 있습니다.
我主要负责中国市场。
Wǒ zhǔyào fùzé Zhōngguó shìchǎng.
워 주이야오 푸저 쭝구어 스창

서로가 맡은 업무에 대해 소개하고, 앞으로 좋은 관계로 나아가자고 하는 상황입니다.

 대화문 1

A 您好，我叫李哲，我主要负责中国市场。
Nín hǎo, wǒ jiào Lǐ Zhé, wǒ zhǔyào fùzé Zhōngguó shìchǎng.
안녕하세요. 저는 이철입니다. 저는 중국 시장을 맡고 있습니다.

B 您好，李总，我叫张娜，以后请多多指教。
Nín hǎo, Lǐ zǒng, wǒ jiào Zhāngnà, yǐhòu qǐng duōduo zhǐjiào.
안녕하세요. 이 팀장님. 저는 장나입니다. 앞으로 잘 부탁드립니다.

A 张总，您好，很高兴认识您。
Zhāng zǒng, nín hǎo, hěn gāoxìng rènshi nín.
장 팀장님. 안녕하세요. 당신을 알게 돼서 반갑습니다.

B 我也很高兴认识您。
Wǒ yě hěn gāoxìng rènshi nín.
저도 당신을 알게 돼서 반갑습니다.

단어
负责[fùzé] 책임지다　指教[zhǐjiào] 지도하다

대화문 2

A 您好! 我叫李哲, 我主要负责中国市场。

Nín hǎo! wǒ jiào Lǐ Zhé, wǒ zhǔyào fùzé Zhōngguó shìchǎng.

안녕하세요! 저는 이철이고, 중국 시장을 맡고 있습니다.

B 您好! 李总, 我是以后跟您一起共事的张娜, 认识您很高兴。

Nín hǎo! Lǐ zǒng, wǒ shì yǐhòu gēn nín yìqǐ gòngshì de Zhāngnà, rènshi nín hěn gāoxìng.

안녕하세요! 이 팀장님, 저는 앞으로 같이 일하게 된 장나입니다. 알게 돼서 반갑습니다.

A 很高兴认识您, 以后还请多多关照。

Hěn gāoxìng rènshi nín, yǐhòu hái qǐng duōduō guānzhào.

당신을 알게 돼서 반갑고, 앞으로 잘 부탁드립니다.

B 您太客气了, 请多多指教。

Nín tài kèqi le, qǐng duōduō zhǐjiào.

별말씀을요. 앞으로 지도 편달 부탁드립니다.

단어 共事[gòngshì] 함께 일하다

 다양한 표현

我负责采购。

Wǒ fùzé cǎigòu.

저는 구매를 맡고 있습니다.

我是中国市场的负责人。

Wǒ shì Zhōngguó shìchǎng de fùzérén.

저는 중국 시장을 책임지고 있는 사람입니다.

我的业务是中国市场管理。

Wǒ de yèwù shì Zhōngguó shìchǎng guǎnlǐ.

저의 업무는 중국 시장을 관리하는 것입니다.

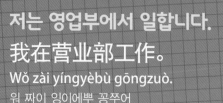

저는 영업부에서 일합니다.
我在营业部工作。
Wǒ zài yíngyèbù gōngzuò.
워 짜이 잉이에뿌 꽁쭈어

Unit 006

서로 자신이 몸담고 있는 부서에 대해 소개하고 향후에 좋은 관계를 유지하자고 말하는 상황입니다.

대화문 1

A 你好，我叫李哲，我在营业部工作。
Nǐ hǎo, wǒ jiào Lǐzhé, wǒ zài yíngyèbù gōngzuò.
안녕하세요. 저는 이철이고, 영업부에서 일합니다.

B 你好，我叫张娜，我是新来的，我也是营业部的。
Nǐ hǎo, wǒ jiào Zhāngnà, wǒ shì xīn lái de, wǒ yě shì yíngyèbù de.
안녕하세요. 저는 장나입니다. 신입사원이고, 저도 영업부입니다.

A 是吗? 很高兴认识你。
Shì ma? hěn gāoxìng rènshi nǐ.
그래요? 만나서 반갑습니다.

B 我也很高兴认识你，有不懂的地方，请多多指教。
Wǒ yě hěn gāoxìng rènshi nǐ, yǒu bù dǒng de dìfang, qǐng duōduō zhǐjiào.
저도 만나서 반갑습니다. 이해가 안 되는 것이 있을 때 많은 지도 편달 부탁드립니다.

단어 营业部[yíngyèbù] 영업부　懂[dǒng] 이해하다

22

 대화문 2

A 你好，我叫李哲，我在营业部工作。
Nǐ hǎo, wǒ jiào LǐZhé, wǒ zài yíngyèbù gōngzuò.
안녕하세요. 저는 이철이고, 영업부에서 일합니다.

B 你好，我叫张娜，是人事部的。
Nǐ hǎo, wǒ jiào Zhāngnà, shì rénshìbù de.
안녕하세요. 저는 장나이고, 인사부에 있습니다.

A 我以前也在人事部呆过，后来转到了营业部。
Wǒ yǐqián yě zài rénshìbù dāiguo, hòulái zhuǎndàole yíngyèbù.
예전에 제가 인사부에 있었는데 후에 영업부로 왔어요.

B 原来是这样!
Yuánlái shì zhèyàng!
그랬군요!

단어 人事部[rénshìbù] 인사부　呆[dāi] 머물다　后来[hòulái] 후에
转[zhuǎn] 옮기다

다양한
표현

我在人事部工作。
Wǒ zài rénshìbù gōngzuò.
저는 인사부에서 일합니다.

我是市场部的崔利安。
Wǒ shì shìchǎngbù de Cuī Lì'ān.
저는 마케팅부의 최이안입니다.

这位是我们公司的李部长。
Zhè wèi shì wǒmen gōngsī de Lǐ bùzhǎng.
이 분은 우리 회사의 이 부장님입니다.

Unit 007

말씀 많이 들었습니다.
久仰大名。
Jiǔyǎng dàmíng.
지우이양 따밍

직접 만나는 것은 처음으로, 그동안 이야기 많이 들었다고 말할 때 쓸 수 있는 표현입니다. 앞으로 잘 부탁한다고 이야기하는 상황입니다.

대화문 1

A 李总，久仰大名，我叫张娜。
Lǐ zǒng, jiǔyǎng dàmíng, wǒ jiào Zhāngnà.
이 팀장님, 말씀 많이 들었습니다. 저는 장나입니다.

B 张总，您好! 我也经常听别人提起您，
今天能认识您，是我的荣幸。
Zhāng zǒng, nín hǎo! wǒ yě jīngcháng tīng biérén tíqǐ nín,
jīntiān néng rènshi nín, shì wǒ de róngxìng.
장 팀장님, 안녕하세요! 다른 분들이 이야기하는 것 많이 들었습니다.
오늘 만나 뵙게 되어서 영광입니다.

A 认识您也是我的荣幸，希望我们的合作越来越好。
Rènshi nín yě shì wǒ de róngxìng, xīwàng wǒmen de hézuò yuèláiyuè hǎo.
저도 알게 되어서 영광이고, 앞으로 저희들의 합작이 더욱더 좋아지기를
희망합니다.

B 我相信一定会越来越好。
Wǒ xiāngxìn yídìng huì yuèláiyuè hǎo.
저는 반드시 더욱더 좋아지리라 믿습니다.

단어 提起[tíqǐ] 언급하다 越来越[yuèláiyuè] 더욱더 相信[xiāngxìn] 믿다

대화문 2

A 您就是李总啊，久仰大名，我叫张娜。

Nín jiùshì Lǐ zǒng a, jiǔyǎng dàmíng, wǒ jiào Zhāngnà.

당신이 바로 이 팀장님이시군요. 말씀 많이 들었습니다. 저는 장나입니다.

B 您好! 很高兴认识您，我一直想见见您。

Nín hǎo! hěn gāoxìng rènshi nín, wǒ yìzhí xiǎng jiànjian nín.

안녕하세요! 만나서 반갑습니다. 줄곧 뵙고 싶었어요.

A 是吗? 我们坐下来边喝咖啡边聊吧。

Shì ma? wǒmen zuò xiàlái biān hē kāfēi biān liáo ba.

그래요? 우리 앉아서 커피 마시면서 이야기해요.

B 好的。

Hǎo de.

좋습니다.

단어 一直[yìzhí] 줄곧　聊[liáo] 이야기하다

다양한
표현

久闻大名。

Jiǔwén dàmíng.

말씀 많이 들었습니다.

我们终于见面了。

Wǒmen zhōngyú jiànmiàn le.

우리가 드디어 만났네요.

我听说过好几次您的大名。

Wǒ tīngshuōguo hǎo jǐ cì nín de dàmíng.

저는 닝신의 이름을 여러 번 들은 적이 있습니다.

앞으로 잘 부탁드립니다.
请多多关照。
Qǐng duōduō guānzhào.
칭 뚜어뚜어 꾸안짜오

앞으로 잘 부탁한다는 표현으로 서로 처음 만나서 인사하는 상황입니다.

대화문 1

A 我叫张娜, 今天刚到公司, 请多多关照。
Wǒ jiào Zhāngnà, jīntiān gāng dào gōngsī, qǐng duōduō guānzhào.
저는 장나입니다. 오늘 새로 출근했는데 앞으로 잘 부탁드립니다.

B 你好, 我叫李哲, 我也是新来的, 以后互相帮助。
Nǐ hǎo, wǒ jiào Lǐzhé, wǒ yě shì xīn lái de, yǐhòu hùxiāng bāngzhù.
안녕하세요. 저는 이철입니다. 저도 신입사원인데, 앞으로 서로 도와요.

A 你好, 认识你很高兴。
Nǐ hǎo, rènshi nǐ hěn gāoxìng.
안녕하세요. 만나서 반갑습니다.

B 认识你我也很高兴。
Rènshi nǐ wǒ yě hěn gāoxìng.
당신을 알게 돼서 저도 반갑습니다.

단어
互相[hùxiāng] 서로 帮助[bāngzhù] 돕다

대화문 2

A 我叫张娜，今天刚到公司，请多多关照。
Wǒ jiào Zhāngnà, jīntiān gāng dào gōngsī, qǐng duōduō guānzhào.
저는 장나입니다. 오늘 새로 출근했는데 앞으로 잘 부탁드립니다.

B 欢迎你，我叫李哲，以后也请多多关照。
Huānyíng nǐ, wǒ jiào LǐZhé, yǐhòu yě qǐng duōduō guānzhào.
환영합니다. 저는 이철입니다. 앞으로 잘 부탁드립니다.

A 你在这里工作多长时间了?
Nǐ zài zhèli gōngzuò duō cháng shíjiān le?
이곳에서 얼마나 일하셨어요?

B 大约一年了。
Dàyuē yì nián le.
1년 정도요.

단어

大约[dàyuē] 약

다양한
표현

请多多指教。
Qǐng duōduō zhǐjiào.
많은 지도 편달 부탁드립니다.

我希望跟大家亲一步。
Wǒ xīwàng gēn dàjiā qīn yíbù.
저는 우리가 더 가까워지길 희망합니다.

我希望今后一起合作。
Wǒ xīwàng jīnhòu yìqǐ hézuò.
저는 오늘 이후로 같이 합작하기를 원합니다.

제가 어떻게 호칭을 해야 할까요?
怎么称呼你?
Zěnme chēnghu nǐ?
쩐머 청후 니

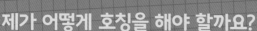

서로 만나서 호칭을 정리할 때가 있습니다. 서로를 어떻게 부르면 되는지에 대해 물어보는 상황입니다.

대화문 1

A 你好, 我叫张娜, 怎么称呼你?
Nǐ hǎo, wǒ jiào Zhāngnà, zěnme chēnghu nǐ?
안녕하세요. 저는 장나입니다. 제가 어떻게 호칭하면 될까요?

B 我叫李哲, 你也可以叫我小李。
Wǒ jiào LǐZhé, nǐ yě kěyǐ jiào wǒ xiǎo Lǐ.
저는 이철입니다. 당신도 저를 이 군이라고 부르시면 됩니다.

A 你在哪个部门工作?
Nǐ zài nǎge bùmén gōngzuò?
어디 부서에서 일하시나요?

B 我在营业部。
Wǒ zài yíngyèbù.
저는 영업부에 있습니다.

단어 称呼[chēnghu] 부르다   部门[bùmén] 부서

A 你好, 我叫张娜, 怎么称呼你?

Nǐ hǎo, wǒ jiào Zhāngnà, zěnme chēnghu nǐ?

안녕하세요. 저는 장나입니다. 제가 어떻게 호칭하면 될까요?

B 你好, 我叫李哲, 刚到公司工作。

Nǐ hǎo, wǒ jiào LǐZhé, gāng dào gōngsī gōngzuò.

안녕하세요. 저는 이철이고, 회사에 온 지 얼마 안 됐습니다.

A 是吗? 我也刚来不久, 以后请多多关照。

Shì ma? wǒ yě gāng lái bù jiǔ, yǐhòu qǐng duōduō guānzhào.

그래요? 저도 일한 지 얼마 되지 않았습니다. 앞으로 잘 부탁드립니다.

B 好的, 也请你多多关照。

Hǎo de, yě qǐng nǐ duōduō guānzhào.

그래요. 저도 잘 부탁드립니다.

단어 久[jiǔ] 오래되다

다양한 표현

我应该怎么称呼他?

Wǒ yīnggāi zěnme chēnghu tā?

제가 그에게 어떻게 호칭을 해야 할까요?

你叫我小金就行了。

Nǐ jiào wǒ xiǎo Jīn jiù xíng le.

저를 김 군이라고 부르시면 됩니다.

我怎么称呼您比较好呢?

Wǒ zěnme chēnghu nín bǐjiào hǎo ne?

제가 어떻게 호칭을 해야 좋을까요?

이분은 영업부 부장님이십니다.

这位是营业部部长。

Zhè wèi shì yíngyèbù bùzhǎng.

쩌 웨이 스 잉이에뿌 뿌장

고객사에게 상사나 동료를 소개할 때 쓸 수 있는 표현으로 앞으로 좋은 관계를
유지하자고 말하는 상황입니다.

 대화문 1

A 张娜，来认识一下，这位是营业部部长李总。
Zhāngnà, lái rènshi yíxià, zhè wèi shì yíngyèbù bùzhǎng Lǐ zǒng.
장나 씨, 인사 나누시죠. 이분은 영업부 부장이신 이 팀장님입니다.

B 您好，李总，认识您很高兴，请多多关照。
Nín hǎo, Lǐ zǒng, rènshi nín hěn gāoxìng, qǐng duōduō guānzhào.
안녕하세요, 이 팀장님. 만나 뵙게 되어 반갑습니다. 잘 부탁드립니다.

C 我听说你工作很认真，做得很好，继续努力。
Wǒ tīngshuō nǐ gōngzuò hěn rènzhēn, zuò de hěn hǎo, jìxù nǔlì.
성실하게 일하고, 업무 능력도 좋고, 계속 노력한다고 들었어요.

B 我会更加努力，谢谢您。
Wǒ huì gèngjiā nǔlì, xièxie nín.
제가 더 노력할게요. 감사합니다.

단어 认真[rènzhēn] 성실하다　继续[jìxù] 계속해서　努力[nǔlì] 노력하다
更加[gèngjiā] 더욱더

대화문 2

A 张总, 这位是营业部部长李总。
Zhāng zǒng, zhè wèi shì yíngyèbù bùzhǎng Lǐ zǒng.
장 팀장님, 이분은 영업부 부장이신 이 팀장님입니다.

B 李总, 您好, 久仰您的大名, 很高兴认识您。
Lǐ zǒng, nín hǎo, jiǔyǎng nín de dàmíng, hěn gāoxìng rènshi nín.
이 팀장님, 안녕하세요. 말씀 많이 들었습니다. 만나서 반갑습니다.

C 我也很高兴认识您, 希望我们以后合作愉快。
Wǒ yě hěn gāoxìng rènshi nín, xīwàng wǒmen yǐhòu hézuò yúkuài.
저도 만나서 반갑습니다. 앞으로 즐겁게 합작하기를 희망합니다.

B 合作愉快。
Hézuò yúkuài.
즐겁게 합작해요.

단어
希望[xīwàng] 희망하다

다양한 표현

他是我们公司的工程师。
Tā shì wǒmen gōngsī de gōngchéngshī.
그는 우리 회사의 엔지니어입니다.

这位是研发部的朴经理。
Zhè wèi shì yánfābù de Piáo jīnglǐ.
이분은 개발부의 박 팀장님입니다.

这位是我们公司销售部的负责人。
Zhè wèi shì wǒmen gōngsī xiāoshòubù de fùzérén.
이분은 우리 회사의 판매를 책임지고 있습니다.

Unit
011

메일로만 인사를 드리다가 직접 인사를 하게
됐네요.

以前只是互发邮件联系，
今天见到您本人了。

Yǐqián zhǐshì hù fā yóujiàn liánxì,
jīntiān jiàndào nín běnrén le.

이치엔 즈스 후 파 여우지엔 리엔시, 진티엔 지엔따오 닌 본런 러

메일로만 업무를 하다가 직접 얼굴을 보고 인사를 하게 되었을 때 쓸 수 있는
표현으로 앞으로 잘 부탁한다고 말하는 상황입니다.

 대화문 1

A 以前只是互发邮件联系，今天见到您本人了。
Yǐqián zhǐshì hù fā yóujiàn liánxì, jīntiān jiàndào nín běnrén le.
메일로만 인사를 드리다가 오늘 직접 인사를 하게 됐네요.

B 对啊，一直想有机会见一下您本人。
Duì a, yìzhí xiǎng yǒu jīhuì jiàn yíxià nín běnrén.
그러게요. 줄곧 만날 기회를 기다렸습니다.

A 我也是，见到您很高兴。
Wǒ yě shì, jiàndào nín hěn gāoxìng.
저도요. 만나서 반갑습니다.

B 见到您我也很高兴，以后还请多多关照。
Jiàndào nín wǒ yě hěn gāoxìng, yǐhòu hái qǐng duōduō guānzhào.
저도 만나서 반갑습니다. 앞으로 잘 부탁드립니다.

단어 联系[liánxi] 연락하다 机会[jīhui] 기회

32

대화문 2

Part 1

소개/만남 중

A 以前只是互发邮件联系, 今天见到您本人了。

Yǐqián zhǐshì hù fā yóujiàn liánxì, jīntiān jiàndào nín běnrén le.

메일로만 인사를 드리다가 오늘 직접 인사를 하게 됐네요.

B 是啊, 谢谢您这段时间的照顾。

Shì a, xièxie nín zhè duàn shíjiān de zhàogù.

그러게요. 그동안 돌봐주셔서 감사드립니다.

A 希望以后能成为很好的合作伙伴。

Xīwàng yǐhòu néng chéngwéi hěn hǎo de hézuò huǒbàn.

앞으로 좋은 합작 동반자가 되기를 희망합니다.

B 为了庆祝一下, 我们喝一杯吧。

Wèile qìngzhù yíxià, wǒmen hē yì bēi ba.

경축을 위해서 우리 술 한잔해요.

단어

照顾[zhàogù] 돌보다　成为[chéngwéi] ~으로 되다　伙伴[huǒbàn] 동반자
为了[wèile] ~하기 위해　庆祝[qìngzhù] 경축하다

다양한 표현

原来您就是李总!

Yuánlái nín jiùshì Lǐ zǒng!

당신이 바로 이 팀장님이시군요!

我说是谁, 原来是你。

Wǒ shuō shì sheí, yuánlái shì nǐ.

나는 누군가 했더니 알고 보니 당신이었군요.

我们终于见面了。

Wǒmen zhōngyú jiànmiàn le.

우리가 마침내 만났네요.

33

Unit 012

폐사에 대해 간단하게 소개를 드리겠습니다.

我来简单介绍一下我们公司。

Wǒ lái jiǎndān jièshào yíxià wǒmen gōngsī.

워 라이 지엔딴 지에샤오 이시아 워먼 꽁쓰

처음 만나 회사에 대해 소개를 할 때 쓸 수 있는 표현으로 향후 좋은 관계를 유지하자고 말하는 상황입니다.

대화문 1

A 你好, 我来简单介绍一下我们公司。

Nǐ hǎo, wǒ lái jiǎndān jièshào yíxià wǒmen gōngsī.

안녕하세요. 폐사에 대해 간단하게 소개를 드리겠습니다.

B 公司主要经营哪些业务?

Gōngsī zhǔyào jīngyíng nǎxiē yèwù?

회사의 주요 업무가 무엇인가요?

A 化妆品的研发和生产。

Huàzhuāngpǐn de yánfā hé shēngchǎn.

화장품 개발과 생산입니다.

B 还有其他的业务吗?

Háiyǒu qítā de yèwù ma?

또 다른 업무가 있나요?

단어 简单 [jiǎndān] 간단히 业务 [yèwù] 업무 化妆品 [huàzhuāngpǐn] 화장품
研发 [yánfā] 개발 生产 [shēngchǎn] 생산

A **你好, 我来简单介绍一下我们公司。**
Nǐ hǎo, wǒ lái jiǎndān jièshào yíxià wǒmen gōngsī.
안녕하세요. 폐사에 대해 간단하게 소개를 드리겠습니다.

B **你们公司是什么时候建立的?**
Nǐmen gōngsī shì shénmeshíhou jiànlì de?
귀사는 언제 설립되었나요?

A **2008年建立的, 已经11年了。**
Èr líng líng bā nián jiànlì de, yǐjīng shíyī nián le.
2008년에 설립되었고, 이미 11년이 되었습니다.

B **主要经营方式是什么?**
Zhǔyào jīngyíng fāngshì shì shénme?
주요 경영 방식은 무엇인가요?

단어 建立[jiànlì] 설립 经营[jīngyíng] 경영 方式[fāngshì] 방식

在中国有分公司吗?
Zài Zhōngguó yǒu fēngōngsī ma?
중국에도 지사가 있나요?

我们是韩国最大的对外贸易公司之一。
Wǒmen shì Hánguó zuì dà de duìwài màoyì gōngsī zhī yī.
저희는 한국 최대의 대외무역회사 중 하나입니다.

我们专门从事产品设计业务。
Wǒmen zhuānmén cóngshì chǎnpǐn shèjì yèwù.
저희는 제품 디자인 업무에 전문적으로 종사하고 있습니다.

귀사에 대해 간단히 소개 좀 해주시겠어요?
你能简单介绍一下贵公司吗?
Nǐ néng jiǎndān jièshào yíxià guì gōngsī ma?
니 넝 지엔딴 지에샤오 이시아 꾸이 꽁쓰 마

서로의 회사에 대해 소개를 부탁할 때 쓸 수 있는 표현으로 회사에 관련된 내용을 설명하는 상황입니다.

대화문 1

A 你好, 你能简单介绍一下贵公司吗?
Nǐ hǎo, nǐ néng jiǎndān jièshào yíxià guì gōngsī ma?
안녕하세요. 귀사에 대해 간단히 소개 좀 해주시겠어요?

B 可以, 我可以使用PPT吗?
Kěyǐ, wǒ kěyǐ shǐyòng PPT ma?
가능합니다. 제가 PPT를 사용해도 될까요?

A 当然可以。
Dāngrán kěyǐ.
당연히 가능하죠.

B 好的, 我准备一下, 马上开始。
Hǎo de, wǒ zhǔnbèi yíxià, mǎshàng kāishǐ.
알겠습니다. 제가 준비 좀 하겠습니다. 곧 시작하겠습니다.

단어 使用[shǐyòng] 사용하다 准备[zhǔnbèi] 준비하다 马上[mǎshàng] 곧
开始[kāishǐ] 시작하다

Part 1 소개/만남 중

A 你好，你能简单介绍一下贵公司吗？

Nǐ hǎo, nǐ néng jiǎndān jièshào yíxià guì gōngsī ma?

안녕하세요. 귀사에 대해 간단히 소개 좀 해주시겠어요?

B 当然可以，您想了解哪一方面？

Dāngrán kěyǐ, nín xiǎng liǎojiě nǎ yī fāngmiàn?

당연히 가능하죠. 어떤 부분에 대해 이해를 하고 싶으신가요?

A 从贵公司的经营方式开始吧。

Cóng guì gōngsī de jīngyíng fāngshì kāishǐ ba.

귀사의 경영 방식부터 시작을 하시죠.

B 好的。

Hǎo de.

알겠습니다.

단어

了解[liǎojiě] 이해하다　方面[fāngmiàn] 방면

 다양한 표현

麻烦您简单介绍一下贵公司，好吗？

Máfan nín jiǎndān jièshào yíxià guì gōngsī, hǎo ma?

귀사에 대해 간단하게 소개해주시겠어요?

刚才介绍了我们公司的情况及产品。

Gāngcái jièshàole wǒmen gōngsī de qíngkuàng jí chǎnpǐn.

방금 저희 회사의 상황과 제품에 대해 소개해드렸습니다.

我们公司的产品性价比特别高。

Wǒmen gōngsī de chǎnpǐn xìngjiàbǐ tèbié gāo.

우리 회사의 제품 가성비가 매우 좋습니다.

우선 저희 직원들을 소개하겠습니다.
首先先来介绍一下我们的职员。
Shǒuxiān xiān lái jièshào yíxià wǒmen de zhíyuán.
쇼우시엔 시엔 라이 지에샤오 이시아 워먼 더 즈위엔

고객사에게 동료를 소개할 때 쓸 수 있는 표현으로 앞으로 좋은 관계를 유지하자고 말하는 상황입니다.

대화문 1

A 首先先来介绍一下我们的职员。
Shǒuxiān xiān lái jièshào yíxià wǒmen de zhíyuán.
우선 저희 직원들을 소개하겠습니다.

B 你好, 很高兴认识你。
Nǐ hǎo, hěn gāoxìng rènshi nǐ.
안녕하세요. 만나서 반갑습니다.

A 我也很高兴认识你, 非常欢迎你。
Wǒ yě hěn gāoxìng rènshi nǐ, fēicháng huānyíng nǐ.
저도 만나서 반갑습니다. 정말 환영합니다.

B 谢谢你, 以后还请你多多关照。
Xièxie nǐ, yǐhòu hái qǐng nǐ duōduō guānzhào.
고맙습니다. 이후에 잘 부탁드립니다.

단어 职员[zhíyuán] 직원 欢迎[huānyíng] 환영하다

대화문 2

A 首先先来介绍一下我们的职员。
Shǒuxiān xiān lái jièshào yíxià wǒmen de zhíyuán.
우선 저희 직원들을 소개하겠습니다.

B 你好, 我叫李哲, 也可以叫我小李。
Nǐ hǎo, wǒ jiào LǐZhé, yě kěyǐ jiào wǒ xiǎo Lǐ.
안녕하세요. 저는 이철입니다. 이 군이라고 부르시면 됩니다.

A 你好, 非常欢迎你来到我们公司。
Nǐ hǎo, fēicháng huānyíng nǐ lái dào wǒmen gōngsī.
안녕하세요. 우리 회사에 오신 것을 정말 환영합니다.

B 我有很多不懂的地方, 以后还得请你多多帮助。
Wǒ yǒu hěn duō bù dǒng de dìfang, yǐhòu hái děi qǐng nǐ duōduō
bāngzhù.
제가 모르는 점이 많으니 앞으로 많은 도움이 필요합니다.

단어 帮助[bāngzhù] 돕다

 다양한 표현

我先介绍一下。
Wǒ xiān jièshào yíxià.
우선 제 소개를 할게요.

给您介绍一下。
Gěi nín jièshào yíxià.
소개를 드릴게요.

我来介绍一下我的同事。
Wǒ lái jièshào yíxià wǒ de tóngshì.
제가 저의 동료를 소개하겠습니다.

저희 제품에 대해 소개하겠습니다.
我来介绍一下我们的产品。
Wǒ lái jièshào yíxià wǒmen de chǎnpǐn.
워 라이 지에샤오 이시아 워먼 더 찬핀

회사의 제품에 대해 소개할 때 쓰는 표현으로 회사에 대해 설명하는 상황입니다.

대화문 1

A 我来介绍一下我们的产品。
Wǒ lái jièshào yíxià wǒmen de chǎnpǐn.
저희 제품에 대해 소개하겠습니다.

B 这个是你们公司的代表产品吗?
Zhège shì nǐmen gōngsī de dàibiǎo chǎnpǐn ma?
이것은 귀사의 대표 제품인가요?

A 是的, 是我们公司卖得最好的产品。
Shì de, shì wǒmen gōngsī mài de zuìhǎo de chǎnpǐn.
그렇습니다. 폐사에서 가장 잘 팔리는 제품입니다.

B 好的, 你简单介绍一下吧。
Hǎo de, nǐ jiǎndān jièshào yíxià ba.
그렇군요. 간단하게 소개해주세요.

단어 产品[chǎnpǐn] 제품 代表[dàibiǎo] 대표

대화문 2

A 我来介绍一下我们的产品。
Wǒ lái jièshào yíxià wǒmen de chǎnpǐn.
저희 제품에 대해 소개하겠습니다.

B 这是你们公司的最新产品，对吗?
Zhè shì nǐmen gōngsī de zuìxīn chǎnpǐn, duì ma?
이것은 귀사의 가장 최신 제품인가요?

A 是的，是最新研发的。
Shì de, shì zuìxīn yánfā de.
네, 가장 최근에 개발된 것입니다.

B 你介绍一下它的功能吧。
Nǐ jièshào yíxià tā de gōngnéng ba.
제품의 기능에 대해 소개해주세요.

단어

功能[gōngnéng] 기능

다양한
표현

我来介绍一下我们公司的专利。
Wǒ lái jièshào yíxià wǒmen gōngsī de zhuānlì.
제가 우리 회사의 특허품를 소개하겠습니다.

我们公司有强大的技术能力。
Wǒmen gōngsī yǒu qiángdà de jìshù nénglì.
우리 회사는 강력한 기술 능력을 갖추었습니다.

我来介绍一下我们公司的核心竞争力。
Wǒ lái jièshào yíxià wǒmen gōngsī de héxīn jìngzhēnglì.
우리 회사의 핵심 경쟁력을 소개하겠습니다.

짧은 시간이었지만 매우 유익한 자리였습니다.
虽然是很短的时间, 但是我受益匪浅。
Suīrán shì hěn duǎn de shíjiān, dànshì wǒ shòuyìfěiqiǎn.
수이란 스 원 뚜안 더 스지엔, 딴스 워 쇼우이페이치엔

미팅을 마치고 난 뒤 말할 수 있는 표현으로 다음을 기약하며 약속을 정하는 상황입니다.

 대화문 1

🅰 **虽然是很短的时间, 但是我受益匪浅。**
Suīrán shì hěn duǎn de shíjiān, dànshì wǒ shòuyìfěiqiǎn.
비록 짧은 시간이었지만 매우 유익한 자리였습니다.

🅱 **我也从张总那里学到了很多东西。**
Wǒ yě cóng Zhāng zǒng nàli xuédàole hěn duō dōngxi.
저도 장 팀장님으로부터 많은 것을 배웠습니다.

🅰 **下次有时间, 一定再见。**
Xiàcì yǒu shíjiān, yídìng zàijiàn.
다음에 시간이 되면 꼭 다시 봐요.

🅱 **好的好的, 经常联系。**
Hǎo de hǎo de, jīngcháng liánxì.
알겠습니다. 자주 연락해요.

단어

受益匪浅 [shòuyìfěiqiǎn] 얻은 바가 꽤 많다　下次 [xiàcì] 다음
经常 [jīngcháng] 자주

대화문 2

A 虽然是很短的时间，但是我受益匪浅。
Suīrán shì hěn duǎn de shíjiān, dànshì wǒ shòuyìfěiqiǎn.
비록 짧은 시간이었지만 매우 유익한 자리였습니다.

B 您太客气了，托您的福，我也学到了很多东西。
Nín tài kèqi le, tuō nín de fú, wǒ yě xuédàole hěn duō dōngxi.
별말씀을요. 덕분에 저도 많은 것을 배웠습니다.

A 我们下次什么时间再见呢？
Wǒmen xiàcì shénme shíjiān zàijiàn ne?
저희 다음에 언제 다시 만날까요?

B 我们可以经常联系，有时间一起出来喝茶。
Wǒmen kěyǐ jīngcháng liánxì, yǒu shíjiān yìqǐ chūlái hē chá.
우리 자주 연락하고, 시간이 되면 차 한잔해요.

단어

托福[tuōfú] 덕을 입다

다양한
표현

这次出差非常顺利。
Zhècì chūchāi fēicháng shùnlì.
이번 출장은 매우 순조로웠습니다.

谢谢各位的支持和努力。
Xièxie gèwèi de zhīchí hé nǔlì.
모든 분들의 지지와 노력에 감사드립니다.

多亏大家的努力，出差顺利结束。
Duōkuī dàjiā de nǔlì, chūchāi shùnlì jiéshù.
여러분들의 노력 덕분에 출장을 순조롭게 마쳤습니다.

이 기간 동안 덕분에 잘 있다가 갑니다.

这期间托您的福，过得很好，我现在要走了。

Zhè qījiān tuō nín de fú, guò de hěn hǎo,
wǒ xiànzài yào zǒu le.

쩌 치지엔 투어 닌 더 푸, 꾸어 더 헌 하오, 워 시엔짜이 이야오 쪼우 러

미팅을 다 마치고 귀국길에 오르기 전에 말할 수 있는 표현으로 다음을 기약
하는 상황입니다.

 대화문 1

A 张总，这期间托您的福，过得很好，我现在要走了。

Zhāng zǒng, zhè qījiān tuō nín de fú, guò de hěn hǎo, wǒ xiànzài yào zǒu
le.

장 팀장님, 이 기간 동안 덕분에 잘 있다가 갑니다.

B 李总，您太客气了，希望您度过了一个愉快的时间。

Lǐ zǒng, nín tài kèqi le, xīwàng nín dùguòle yí ge yúkuài de shíjiān.

이 팀장님, 별말씀을요. 유쾌한 시간을 보내셨길 바랍니다.

A 非常愉快，我会非常想念这里的。

Fēicháng yúkuài, wǒ huì fēicháng xiǎngniàn zhèli de.

매우 유쾌했어요. 정말 생각이 많이 날 것 같아요.

B 希望下次有机会，您会再来。

Xīwàng xiàcì yǒu jīhuì, nín huì zài lái.

다음에 기회가 되면 다시 오시기를 바랍니다.

단어 期间[qījiān] 기간　度过[dùguò] 보내다　想念[xiǎngniàn] 그리워하다

A 这期间托您的福, 过的很好, 我现在要走了。
Zhè qījiān tuō nín de fú, guò de hěn hǎo, wǒ xiànzài yào zǒu le.
이 기간 동안 덕분에 잘 있다가 갑니다.

B 太遗憾了, 能再呆一段时间就好了。
Tài yíhàn le, néng zài dāi yí duàn shíjiān jiù hǎo le.
정말 아쉽네요. 더 있다가 가시면 좋은데요.

A 下次有机会, 我会再来的。
Xiàcì yǒu jīhuì, wǒ huì zài lái de.
다음에 기회가 있으면 다시 오겠습니다.

B 好的, 一路上平安, 经常联系。
Hǎo de, yí lùshang píng'ān, jīngcháng liánxì.
알겠습니다. 잘 돌아가시고요. 자주 연락해요.

단어   平安[píng'ān] 평안하다

감사 各位 给 我 的 帮助。
感谢各位给我的帮助。
Gǎnxiè gèwèi gěi wǒ de bāngzhù.
모든 분이 저를 도와주신 것에 대해 감사드립니다.

感谢公司给我的机会。
Gǎnxiè gōngsī gěi wǒ de jīhuì.
저에게 기회를 주셔서 감사합니다.

非常感谢您一直以来给我的支持。
Fēicháng gǎnxiè nín yìzhí yǐlái gěi wǒ de zhīchí.
줄곧 저를 지지해줘서 정말 감사합니다.

Unit 018

제가 차를 보내 모시도록 하겠습니다.
我派车接您。
Wǒ pài chē jiē nín.
워 파이 처 지에 닌

공항에 도착한 후 고객사에서 차를 보내 모신다고 할 때 쓸 수 있는 표현으로
공항에 도착했을 때의 상황입니다.

 대화문 1

A 张总, 您到机场了, 对吗?
Zhāng zǒng, nín dào jīchǎng le, duì ma?
장 팀장님, 공항에 도착했나요?

B 是的, 刚刚到。
Shì de, gānggāng dào.
네. 막 도착했습니다.

A 好的, 我派车接您, 您稍等一下。
Hǎo de, wǒ pài chē jiē nín, nín shāo děng yíxià.
네. 제가 차를 보내 모시도록 하겠습니다. 잠시만 기다리세요.

B 好的, 谢谢。
Hǎo de, xièxie.
알겠습니다. 고맙습니다.

단어 机场[jīchǎng] 공항 派[pài] 보내다

46

A 张总，您大约几点到机场? 我派车接您。

Zhāng zǒng, nín dàyuē jǐ diǎn dào jīchǎng? wǒ pài chē jiē nín.

장 팀장님, 대략 몇 시 정도에 공항에 도착하시나요? 제가 차를 보내 모시도록 하겠습니다.

B 晚上8点左右到，太麻烦您了。

Wǎnshang bā diǎn zuǒyòu dào, tài máfan nín le.

저녁 8시 정도에 도착합니다. 번거롭게 해드리는 것 같네요.

A 您太客气了，这是应该的。

Nín tài kèqi le, zhè shì yīnggāi de.

별말씀을요. 당연히 해야 할 일이죠.

B 非常感谢您。

Fēicháng gǎnxiè nín.

정말 감사합니다.

단어 左右[zuǒyòu] 정도　麻烦[máfan] 번거롭게 하다

다양한 표현

我已经安排好了，您放心吧。

Wǒ yǐjīng ānpái hǎo le, nín fàngxīn ba.

저는 이미 준비가 다 되었습니다. 걱정하지 마세요.

你说我派人几点过去好呢?

Nǐ shuō wǒ pài rén jǐ diǎn guòqù hǎo ne?

제가 몇 시에 사람을 보내면 좋을까요?

我自己打车过去就行。

Wǒ zìjǐ dǎchē guòqù jiù xíng.

저 스스로 택시타고 가면 됩니다.

전 여기서 이만 인사를 드리겠습니다.
我在这里向你道别。
Wǒ zài zhèli xiàng nǐ dàobié.

워 짜이 쩌리 시앙 니 따오비에

미팅을 마치고 헤어질 때 쓸 수 있는 표현으로 다음을 기약하는 상황입니다.

 대화문 1

A 我在这里向你道别, 感谢对我的关心和照顾。
Wǒ zài zhèli xiàng nǐ dàobié, gǎnxiè duì wǒ de guānxīn hé zhàogù.
전 여기서 이만 인사를 드릴게요. 관심과 돌봐주심에 감사드립니다.

B 太遗憾了, 真希望你能多呆一段时间。
Tài yíhàn le, zhēn xīwàng nǐ néng duō dāi yí duàn shíjiān.
정말 아쉽네요. 더 계시길 바라는데요.

A 我也想, 但是有事要提前走。
Wǒ yě xiǎng, dànshì yǒu shì yào tíqián zǒu.
저도 그렇게 생각하지만 일이 있어서 먼저 가야겠어요.

B 好的, 以后也经常联系。
Hǎo de, yǐhòu yě jīngcháng liánxì.
알겠습니다. 앞으로 자주 연락해요.

단어 道别 [dàobié] 헤어지다 提前 [tíqián] 앞당기다

A 我在这里向你道别，感谢对我的关心和照顾。
Wǒ zài zhèli xiàng nǐ dàobié, gǎnxiè duì wǒ de guānxīn hé zhàogù.
전 여기서 이만 인사를 드릴게요. 관심과 돌봐주심에 감사드립니다.

B 太客气了，应该的。
Tài kèqi le, yīnggāi de.
별말씀을요. 당연히 해야 할 일이죠.

A 有时间一定来韩国玩。
Yǒu shíjiān yídìng lái Hánguó wán.
시간이 되시면 꼭 한국에 놀러 오세요.

B 好的，一定。
Hǎo de, yídìng.
알겠습니다. 꼭 그러겠습니다.

단어

玩[wán] 놀다 一定[yídìng] 반드시

다양한 표현

我就在这儿告辞了。
Wǒ jiù zài zhèr gàocí le.
저는 여기서 이만 인사를 드리겠습니다.

这几天您也受累了。
Zhè jǐ tiān nín yě shòulèi le.
요 며칠 당신도 수고하셨습니다.

你回去替我向朴总问好。
Nǐ huíqù tì wǒ xiàng Piáo zǒng wènhǎo.
돌아가서 박 팀장님에게 안부 전해주세요.

앞으로 자주 연락했으면 좋겠습니다.
希望以后经常联系。
Xīwàng yǐhòu jīngcháng liánxì.
시왕 이호우 징창 리엔시

향후에 자주 연락을 하자는 표현으로 좋은 관계를 계속 유지하자고 하는 상황입니다.

대화문 1

A **李总，非常感谢您，希望以后经常联系。**
Lǐ zǒng, fēicháng gǎnxiè nín, xīwàng yǐhòu jīngcháng liánxì.
이 팀장님, 정말 감사합니다. 앞으로 자주 연락했으면 좋겠습니다.

B **好的，如果有什么要帮忙的地方，您一定要说。**
Hǎo de, rúguǒ yǒu shénme yào bāngmáng de dìfang, nín yídìng yào shuō.
알겠습니다. 만약에 어떤 도움이 필요하면 꼭 말씀하세요.

A **好的，有什么要帮助的，也一定告诉我。**
Hǎo de, yǒu shénme yào bāngzhù de, yě yídìng gàosu wǒ.
알겠습니다. 무슨 도움이 필요하시면 저에게도 말씀해주세요.

B **好的。**
Hǎo de.
알겠습니다.

단어　告诉[gàosu] 알려주다

대화문 2

A 李总，非常感谢您，希望以后经常联系。
Lǐ zǒng, fēicháng gǎnxiè nín, xīwàng yǐhòu jīngcháng liánxì.
이 팀장님, 정말 감사합니다. 앞으로 자주 연락했으면 좋겠습니다.

B 好的，我去北京，一定找你。
Hǎo de, wǒ qù Běijīng, yídìng zhǎo nǐ.
알겠습니다. 제가 베이징에 가면 꼭 연락드릴게요.

A 好啊，我一定请您吃最好吃的北京烤鸭。
Hǎo a, wǒ yídìng qǐng nín chī zuì hǎochī de Běijīng kǎoyā.
좋아요. 제가 가장 맛있는 베이징 오리를 대접할게요.

B 好的，太期待了。
Hǎo de, tài qīdài le.
알겠습니다. 기대하겠습니다.

단어 北京烤鸭[běijīng kǎoyā] 베이징 오리 期待[qīdài] 기대하다

다양한 표현

您多保重!
Nín duō bǎozhòng !
꼭 건강하세요!

一路平安! 下次再会!
Yí lù píng'ān ! xiàcì zàihuì !
조심히 가시고요! 다음에 또 봐요!

我们以后多联系。
Wǒmen yǐhòu duō liánxì.
우리 앞으로 자주 연락해요.

Unit 001 마중 나와 주셔서 감사드립니다.
谢谢您来接我。
Xièxie nín lái jiē wǒ.

Unit 002 오시느라 수고하셨습니다.
路上辛苦了。
Lùshang xīnkǔ le.

Unit 003 오래간만입니다.
好久不见。
Hǎojiǔ bú jiàn.

Unit 004 제 명함입니다. 만나서 반갑습니다.
这是我的名片，认识您很高兴。
Zhè shì wǒ de míngpiàn, rènshi nín hěn gāoxìng.

Unit 005 저는 중국 시장을 담당하고 있습니다.
我主要负责中国市场。
Wǒ zhǔyào fùzé Zhōngguó shìchǎng.

Unit 006 저는 영업부에서 일합니다.
我在营业部工作。
Wǒ zài yíngyèbù gōngzuò.

Unit 007 말씀 많이 들었습니다.
久仰大名。
Jiǔyǎng dàmíng.

Unit 008 앞으로 잘 부탁드립니다.
请多多关照。
Qǐng duōduō guānzhào.

Unit 009 제가 어떻게 호칭을 해야 할까요?
怎么称呼你?
Zěnme chēnghu nǐ?

Unit 010 이분은 영업부 부장님이십니다.
这位是营业部部长。
Zhè wèi shì yíngyèbù bùzhǎng.

Unit 011 메일로만 인사를 드리다가 직접 인사를 하게 됐네요.

以前只是互发邮件联系，今天见到您本人了。

Yǐqián zhǐshì hù fā yóujiàn liánxì, jīntiān jiàndào nín běnrén le.

Unit 012 폐사에 대해 간단하게 소개를 드리겠습니다.

我来简单介绍一下我们公司。

Wǒ lái jiǎndān jièshào yíxià wǒmen gōngsī.

Unit 013 귀사에 대해 간단히 소개 좀 해주시겠어요?

你能简单介绍一下贵公司吗?

Nǐ néng jiǎndān jièshào yíxià guì gōngsī ma?

Unit 014 우선 저희 직원들을 소개하겠습니다.

首先先来介绍一下我们的职员。

Shǒuxiān xiān lái jièshào yíxià wǒmen de zhíyuán.

Unit 015 저희 제품에 대해 소개하겠습니다.

我来介绍一下我们的产品。

Wǒ lái jièshào yíxià wǒmen de chǎnpǐn.

Unit 016 짧은 시간이었지만 매우 유익한 자리였습니다.

虽然是很短的时间，但是我受益匪浅。

Suīrán shì hěn duǎn de shíjiān, dànshì wǒ shòuyìfěiqiǎn.

Unit 017 이 기간 동안 덕분에 잘 있다가 갑니다.

这期间托您的福，过得很好，我现在要走了。

Zhè qījiān tuō nín de fú, guò de hěn hǎo, wǒ xiànzài yào zǒu le.

Unit 018 제가 차를 보내 모시도록 하겠습니다.

我派车接您。

Wǒ pài chē jiē nín.

Unit 019 전 여기서 이만 인사를 드리겠습니다.

我在这里向你道别。

Wǒ zài zhèli xiàng nǐ dàobié.

Unit 020 앞으로 자주 연락했으면 좋겠습니다.

希望以后经常联系。

Xīwàng yǐhòu jīngcháng liánxì.

중국의 꽌시가 의미하는 것

중국에는 건물 담벼락 말고도 보이지 않는 마음속 담장이 있습니다. 그것이 바로 꽌시인데, 꽌시라는 담장은 내 사람과 기타 사람으로 나누는 경계입니다.

담장 안에 있는 사람끼리는 서로 도우면서 살아가지만, 담장 밖의 기타 사람은 '기타'라는 단어 의미 그대로 자신과 전혀 관계가 없는 '그 밖의 사람'이기 때문에 관심도 없고 일반적인 인간관계가 가능하지 않다고 여깁니다. 그런 이유로 중국 사람은 자기 사람과 그 외의 사람에게 완전히 다른 태도를 취하며 대우와 평가 기준도 달리합니다.

중국 사람이 찾고 있는 친구는 내가 가지지 못한 능력을 갖춘 사람이어야 하는데, 서로 도움이 될 수 있는 부분이 있다고 생각할 때 친구가 될 수 있고 시간이 흘러서 꽌시 관계가 됩니다.

중국 사람이 생각하는 능력에는 경제적인 부분이 포함되지는 않지만 한국 사람은 경제력도 능력이라 생각합니다. 그런 금전 능력으로 중국 사람과 친구가 되려 하고, 더 나아가 꽌시를 맺으려고 합니다. 하지만 상대방이 나의 능력을 별로라고 여기면 아무리 자주 만나 술을 먹더라도 그냥 술을 같이 마시는 사람일 뿐입니다. 중국 사람은 주위에서 본인이 가지지 못한 능력을 갖춘 것으로 여겨지는 사람을 발견하면 우선 밥부터 먹자고 합니다. 처음에는 둘이서만 밥을 먹지만 몇 번 식사를 하다 보면 같이 밥 먹는 사람이 늘어나기 시작합니다. 횟수도 잦아지고, 초대받은 자리에 가면 매번 새로운 사람이 나타나서 꽌시가 형성됩니다. 중국에서 말하는 '밥그릇 수'는 내가 상대방과 같이 먹은 밥그릇 수가 얼마나 많은지를 의미합니다. 중국에서 밥은 생존을 위해 음식을 먹는다는 의미 외에 형제처럼 서로 믿고 같이 힘을 합쳐 살아간다는 의미도 가지고 있습니다.

2

미팅 중

고객사 사무실에 도착하여 고객사와 향후 진행 일정에 대해
미팅을 하고 있습니다. 향후 진행 방법, 계약조건 및
여러 가지 상황에 대해 이야기합니다.

021 우선 무엇부터 이야기할까요?

022 오늘 일정에 대해 먼저 말씀드리겠습니다.

023 요즘 일은 어떠신가요?

024 그것은 사장님과 상의를 해봐야 할 것 같아요.

025 이 부분은 우선 상황을 보고 다시 이야기하죠.

026 귀사에서 보낸 메일은 이미 받았어요.

027 샘플은 조만간 보내겠습니다.

028 그 부분은 영업부에서 협상을 하고 있습니다.

029 서로 협력해서 함께 발전합시다.

030 다음 미팅은 언제인가요?

031 잠깐 쉬었다가 다시 진행하시죠.

032 우리 서로 양보하죠.

033 현재 T/T로 15일입니다.

034 신용장은 개설하셨나요?

035 제가 책임지고 결정하겠습니다.

036 원하시는 계약조건은 있으신가요?

037 내일 바로 계약하시죠.

038 이야기하는 김에 이번 내용의 세부사항도 같이 이야기하시죠.

039 저희는 어쩔 수 없이 가격을 올려야 합니다.

040 오늘은 여기까지 하겠습니다.

우선 무엇부터 이야기할까요?
要先说什么呢?
Yào xiān shuō shénme ne?
이야오 시엔 슈어 션머 너

미팅을 하기 전에 어떤 주제에 대해 말할 때 쓸 수 있는 표현으로 이야기를 시작할 때의 상황입니다.

대화문 1

A 要先说什么呢?
Yào xiān shuō shénme ne?
우선 무엇부터 이야기할까요?

B 不要紧张,想说什么都行。
Búyào jǐnzhāng, xiǎng shuō shénme dōu xíng.
긴장하지 마시고요, 무슨 이야기든 괜찮습니다.

A 那先简单介绍一下我自己吧。
Nà xiān jiǎndān jièshào yíxià wǒ zìjǐ ba.
그럼 제 소개를 간단하게 하겠습니다.

B 好的。
Hǎo de.
좋습니다.

단어 紧张[jǐnzhāng] 긴장하다 自己[zìjǐ] 스스로

A 要先说什么呢?

Yào xiān shuō shénme ne?

우선 무엇부터 이야기할까요?

B 先说一下你的想法吧。

Xiān shuō yíxià nǐ de xiǎngfǎ ba.

우선 당신의 생각을 말해보세요.

A 好的, 那就简单地说一下吧。

Hǎo de, nà jiù jiǎndān de shuō yíxià ba.

알겠습니다. 그럼 제가 간단히 말해보겠습니다.

B 好的, 现在开始吧。

Hǎo de, xiànzài kāishǐ ba.

알겠습니다. 지금 시작하시죠.

단어 想法[xiǎngfǎ] 생각

다양한
표현

我们先聊什么呢?

Wǒmen xiān liáo shénme ne?

우리 먼저 무슨 이야기를 하죠?

您先说您的意见吧。

Nín xiān shuō nín de yìjiàn ba.

먼저 의견을 말씀해보세요.

时间差不多了, 我们先开始吧。

Shíjiān chàbuduō le, wǒmen xiān kāishǐ ba.

시간이 거의 다 되었네요. 우리 먼저 시작하죠.

오늘 일정에 대해 먼저 말씀드리겠습니다.
我先来说一下今天的日程。
Wǒ xiān lái shuō yíxià jīntiān de rìchéng.
워 시엔 라이 슈어 이시아 진티엔 더 르청

일정에 대해 말할 때 쓸 수 있는 표현으로 일정을 변경하거나 계획할 때의 상황입니다.

대화문 1

A 我先来说一下今天的日程。
Wǒ xiān lái shuō yíxià jīntiān de rìchéng.
오늘 일정에 대해 먼저 말씀드리겠습니다.

B 今天您的日程安排得很满吗?
Jīntiān nín de rìchéng ānpái de hěn mǎn ma?
오늘 당신의 일정이 꽉 차 있나요?

A 不是很满, 还可以。
Búshì hěn mǎn, hái kěyǐ.
그렇지 않고, 그런대로 괜찮습니다.

B 如果有时间, 想一起吃午饭。
Rúguǒ yǒu shíjiān, xiǎng yìqǐ chī wǔfàn.
만약에 시간이 되면 같이 식사를 하고 싶습니다.

단어 日程[rìchéng] 일정　安排[ānpái] 안배하다

대화문 2

A 我先来说一下今天的日程。
Wǒ xiān lái shuō yíxià jīntiān de rìchéng.
오늘 일정에 대해 먼저 말씀드리겠습니다.

B 如果今天很忙, 我们可以改天再去。
Rúguǒ jīntiān hěn máng, wǒmen kěyǐ gǎitiān zài qù.
만약에 오늘 바쁘면 우리 다음에 가도 됩니다.

A 好的, 看情况, 再告诉您。
Hǎo de, kàn qíngkuàng, zài gàosu nín.
알겠습니다. 상황을 보고 다시 알려드릴게요.

B 好的。
Hǎo de.
좋습니다.

단어   改天[gǎitiān] 다음에   情况[qíngkuàng] 상황

 다양한 표현

您什么时间方便?
Nín shénme shíjiān fāngbiàn ?
언제가 편하신가요?

那我先看看日程, 再跟您联系吧。
Nà wǒ xiān kànkan rìchéng, zài gēn nín liánxì ba.
그럼 우선 일정을 보고, 제가 연락드릴게요.

您看我几点过去比较方便?
Nín kàn wǒ jǐ diǎn guòqù bǐjiào fāngbiàn ?
제가 몇 시에 가는 것이 편하신가요?

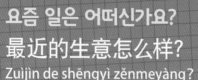

요즘 일은 어떠신가요?
最近的生意怎么样?
Zuìjìn de shēngyì zěnmeyàng?
쭈이진 더 성이 쩐머이양

안부를 물을 때 쓸 수 있는 표현으로 안부 및 일정에 대해 이야기할 때의 상황입니다.

 대화문 1

A 李总，最近的生意怎么样？
Lǐ zǒng, zuìjìn de shēngyì zěnmeyàng?
이 팀장님, 요즘 일은 어떠신가요?

B 还可以，但是出现了一点儿小问题。
Hái kěyǐ, dànshì chūxiànle yìdiǎnr xiǎo wèntí.
그런대로요. 그런데 작은 문제가 있어요.

A 是吗? 需要我帮您解决吗?
Shì ma? xūyào wǒ bāng nín jiějué ma?
그래요? 저의 도움이 필요하신가요?

B 好的，明天你有时间吗?
Hǎo de, míngtiān nǐ yǒu shíjiān ma?
좋습니다. 내일 시간이 되시나요?

단어 生意[shēngyi] 일, 사업　解决[jiějué] 해결하다

대화문 2

A 李总，最近的生意怎么样？

Lǐ zǒng, zuìjìn de shēngyì zěnmeyàng?

이 팀장님, 요즘 일은 어떠신가요?

B 还算比较顺利，明天你有时间的话，过来帮我吧。

Hái suàn bǐjiào shùnlì, míngtiān nǐ yǒu shíjiān de huà, guòlái bāng wǒ ba.

비교적 순조롭습니다. 내일 시간이 되시면 오셔서 저를 도와주세요.

A 好的，大约几点？

Hǎo de, dàyuē jǐ diǎn?

좋습니다. 몇 시 정도예요?

B 上午10点左右。

Shàngwǔ shí diǎn zuǒyòu.

오전 10시 정도요.

단어 比较[bǐjiào] 비교적 顺利[shùnlì] 순조롭다

다양한
표현

最近过得好吗？

Zuìjìn guò de hǎo ma?

요즘 어떻게 지내세요?

最近过得顺利吗？

Zuìjìn guò de shùnlì ma?

요즘 잘 지내시나요?

最近有什么事儿吗？

Zuìjìn yǒu shénme shìr ma?

요즘 무슨 일 있나요?

63

Unit 024

그것은 사장님과 상의를 해봐야 할 것 같아요.

那件事需要和老板商量一下。

Nà jiàn shì xūyào hé lǎobǎn shāngliang yíxià.

나 지엔 스 쉬이야오 흐어 라오빤 샹리앙 이시아

중요한 안건에 대해서는 보고를 해야 한다고 할 때 쓸 수 있는 표현으로 문제가 생길 때 보고나 약속 시간에 대해 확인하는 상황입니다.

 대화문 1

A **那件事需要和老板商量一下。**
Nà jiàn shì xūyào hé lǎobǎn shāngliang yíxià.
그것은 사장님과 상의를 해봐야 할 것 같아요.

B **好的，老板什么时候有时间?**
Hǎo de, lǎobǎn shénmeshíhou yǒu shíjiān?
알겠습니다. 사장님은 언제 시간이 되시나요?

A **下午3点左右，应该有时间。**
Xiàwǔ sān diǎn zuǒyòu, yīnggāi yǒu shíjiān.
오후 3시 정도요. 아마도 시간이 되실 겁니다.

B **好的，谢谢。**
Hǎo de, xièxie.
알겠습니다. 고맙습니다.

단어 老板[lǎobǎn] 사장님　商量[shāngliang] 상의하다

대화문 2

A 那件事需要和老板商量一下。
Nà jiàn shì xūyào hé lǎobǎn shāngliang yíxià.
그것은 사장님과 상의를 해봐야 할 것 같아요.

B 我也是这么想的，老板现在在办公室吗?
Wǒ yě shì zhème xiǎng de, lǎobǎn xiànzài zài bàngōngshì ma?
저도 그렇게 생각해요. 사장님은 지금 사무실에 계시나요?

A 他刚刚出去了，下午会回来。
Tā gānggāng chūqùle, xiàwǔ huì huílái.
방금 나가셨네요. 오후에 돌아오실 겁니다.

B 那我下午去找他。
Nà wǒ xiàwǔ qù zhǎo tā.
그러면 오후에 사장님 뵈러 가요.

단어 需要[xūyào] 필요하다　办公室[bàngōngshì] 사무실

다양한
표현

再商量一下。
Zài shāngliang yíxià.
다시 상의하죠.

您再让一点儿吧。
Nín zài ràng yìdiǎnr ba.
다시 양보 좀 해주세요.

那我再向领导申请一下试试。
Nà wǒ zài xiàng lǐngdǎo shēnqǐng yíxià shìshi.
저희 팀장님께 다시 보고를 드려볼게요.

이 부분은 우선 상황을 보고 다시 이야기 하죠.

关于这一部分, 我们先报告一下情况再说吧。

Guānyú zhè yí bùfen, wǒmen xiān bàogào yíxià qíngkuàng zài shuō ba.

꾸안위 쩌 이 뿌펀. 워먼 시엔 빠오까오 이시아 칭쿠앙 짜이 슈어 바

어떤 민감한 부분에 대해 다시 이야기하자고 할 때 쓸 수 있는 표현으로 추후에 다시 시간을 정하자고 하는 상황입니다.

대화문 1

A 关于这一部分, 我们先报告一下情况再说吧。
Guānyú zhè yí bùfen, wǒmen xiān bàogào yíxià qíngkuàng zài shuō ba.
이 부분은 우선 상황을 보고 다시 이야기하죠.

B 好的, 但是时间不是很多了, 要抓紧时间。
Hǎo de, dànshì shíjiān búshì hěn duō le, yào zhuājǐn shíjiān.
좋습니다. 그런데 시간이 많지가 않으니 서둘러보죠.

A 那现在就报告吧。
Nà xiànzài jiù bàogào ba.
그러면 지금 바로 보고할게요.

B 好的, 我们一起过去吧。
Hǎo de, wǒmen yìqǐ guòqù ba.
좋습니다. 우리 같이 가요.

단어 报告[bàogào] 보고하다 抓紧 [zhuājǐn] 단단히 잡다, 서둘러 하다

A 关于这一部分, 我们先报告一下情况再说吧。

Guānyú zhè yí bùfen, wǒmen xiān bàogào yíxià qíngkuàng zài shuō ba.

이 부분은 우선 상황을 보고 다시 이야기하죠.

B 是个好主意, 现在就去吧。

Shì ge hǎo zhǔyì, xiànzài jiù qù ba.

좋은 생각입니다. 지금 바로 가죠.

A 现在老板不在, 下午一起过去吧。

Xiànzài lǎobǎn bú zài, xiàwǔ yìqǐ guòqù ba.

지금 사장님이 안 계시니, 오후에 같이 가봐요.

B 好的, 我在办公室里等你。

Hǎo de, wǒ zài bàngōngshì li děng nǐ.

알겠습니다. 사무실에서 기다릴게요.

단어

主意[zhǔyì] 생각

다양한
표현

我们先看情况, 再说吧。

Wǒmen xiān kàn qíngkuàng, zài shuō ba.

우리 우선 상황을 보고 다시 말해요.

按照您的意见去做吧。

Ànzhào nín de yìjiàn qù zuò ba.

당신의 의견대로 진행하시죠.

我们一起讨论一下细节。

Wǒmen yìqǐ tǎolùn yíxià xìjié.

우리 같이 자세한 내용을 이야기해요.

Unit 026

귀사에서 보낸 메일은 이미 받았어요.

我已经收到了贵公司发的邮件。

Wǒ yǐjīng shōudàole guì gōngsī fā de yóujiàn.

워 이징 쇼우따오러 꾸이 꽁쓰 파 더 여우지엔

메일을 받았다고 할 때 쓸 수 있는 표현으로 메일 내용에 대해 확인을 요청하는 상황입니다.

 대화문 1

> **A** **李总，您好，我已经收到了贵公司发的邮件。**
> Lǐ zǒng, nín hǎo, wǒ yǐjīng shōudàole guì gōngsī fā de yóujiàn.
> 이 팀장님, 안녕하세요. 귀사에서 보낸 메일은 이미 받았어요.

> **B** **好的，您看了给我答复吧。**
> Hǎo de, nín kànle gěi wǒ dáfù ba.
> 그렇군요. 보시고 나서 저에게 답해주세요.

> **A** **好的，我晚上给您答复。**
> Hǎo de, wǒ wǎnshang gěi nín dáfù.
> 알겠습니다. 저녁에 제가 답할게요.

> **B** **好的，谢谢。**
> Hǎo de, xièxie.
> 알겠습니다. 감사합니다.

단어 答复[dáfù] 회신하다

68

A 李总，您好，我已经收到了贵公司发的邮件。
Lǐ zǒng, nín hǎo, wǒ yǐjīng shōudàole guì gōngsī fā de yóujiàn.
이 팀장님, 안녕하세요. 귀사에서 보낸 메일은 이미 받았어요.

B 好的，您看过了吗?
Hǎo de, nín kànguo le ma?
알겠습니다. 보셨나요?

A 还没有看，我马上确认。
Hái méiyou kàn, wǒ mǎshàng quèrèn.
아직 보지 못했어요. 제가 바로 확인할게요.

B 好的，你确认后，给我答复吧。
Hǎo de, nǐ quèrèn hòu, gěi wǒ dáfù ba.
알겠습니다. 확인 후 저에게 답해주세요.

단어

确认[quèrèn] 확인하다

我们发的邮件您收到了吗?
Wǒmen fā de yóujiàn nín shōudào le ma ?
제가 보낸 이메일 받으셨나요?

我们发的邮件您确认了吗?
Wǒmen fā de yóujiàn nín quèrèn le ma ?
제가 보낸 이메일 확인하셨나요?

我们还没收到呢，您再发一下。
Wǒmen hái méi shōudào ne, nín zài fā yíxià.
저희가 아직 받지 못했는데 다시 한 번 보내주세요.

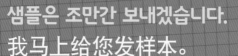

Unit
027

샘플은 조만간 보내겠습니다.
我马上给您发样本。
Wǒ mǎshàng gěi nín fā yàngběn.
워 마샹 게이 닌 파 양뻔

샘플을 보낸다고 할 때 쓸 수 있는 표현으로 샘플의 내용에 대해 말하는 상황입니다.

 대화문 1

A 李总, 您好, 我马上给您发样本。
Lǐ zǒng, nín hǎo, wǒ mǎshàng gěi nín fā yàngběn.
이 팀장님, 안녕하세요. 샘플은 조만간 보내겠습니다.

B 好的, 样本大约几天能到。
Hǎo de, yàngběn dàyuē jǐ tiān néng dào.
알겠습니다. 샘플은 며칠 정도면 받겠네요.

A 大约后天能到。
Dàyuē hòutiān néng dào.
이틀 후 정도면 받을 수 있습니다.

B 好的, 谢谢。
Hǎo de, xièxie.
알겠습니다. 감사합니다.

단어
样本 [yàngběn] 샘플

대화문 2

A 李总, 您好, 我马上给您发样本。

Lǐ zǒng, nín hǎo, wǒ mǎshàng gěi nín fā yàngběn.

이 팀장님, 안녕하세요. 샘플은 조만간 보내겠습니다.

B 好的, 谢谢, 一共几种样本?

Hǎo de, xièxie, yígòng jǐ zhǒng yàngběn?

알겠습니다. 감사합니다. 총 몇 종류의 샘플이죠?

A 一共十二种, 大约明天下午能到。

Yígòng shíèr zhǒng, dàyuē míngtiān xiàwǔ néng dào.

총 12종이고, 내일 오후 정도에 받으실 수 있습니다.

B 好的, 谢谢。

Hǎo de, xièxie.

알겠습니다. 감사합니다.

단어

一共[yígòng] 총

 다양한 표현

貴公司免费提供样品吗?

Guì gōngsī miǎnfèi tígòng yàngpǐn ma ?

귀사는 무료로 샘플을 제공하나요?

样品需要收费的。

Yàngpǐn xūyào shōufèi de.

샘플은 돈을 지불해야 합니다.

样品交期大概是多久?

Yàngpǐn jiāoqī dàgài shì duō jiǔ ?

샘플 납기는 대략 얼마나 걸리나요?

그 부분은 영업부에서 협상을 하고 있습니다.
关于这一部分，正在和营业部协商。
Guānyú zhè yí bùfen, zhèngzài hé yíngyèbù xiéshāng.
꾸안위 쩌 이 뿌펀, 쩡짜이 흐어 잉이에뿌 시에샹

안건에 대해서 협상을 진행 중이라고 할 때 쓸 수 있는 표현으로 협상의 결과
에 대해 말하는 상황입니다.

대화문 1

A 关于这一部分，正在和营业部协商。
Guānyú zhè yí bùfen, zhèngzài hé yíngyèbù xiéshāng.
그 부분은 영업부에서 협상을 하고 있습니다.

B 好的，要快点儿进行。
Hǎo de, yào kuài diǎnr jìnxíng.
알겠습니다. 곧 진행이 되겠군요.

A 大约今天就能有结果。
Dàyuē jīntiān jiù néng yǒu jiéguǒ.
내일 정도면 결과가 나올 수 있어요.

B 好的，出来结果，马上告诉我。
Hǎo de, chūlái jiéguǒ, mǎshàng gàosu wǒ.
알겠습니다. 결과가 나오면 바로 저에게 알려주세요.

단어 部分[bùfen] 부분 协商[xiéshāng] 협상 结果[jiéguǒ] 결과

대화문 2

A 关于这一部分，正在和营业部协商。
Guānyú zhè yí bùfen, zhèngzài hé yíngyèbù xiéshāng.
그 부분은 영업부에서 협상을 하고 있습니다.

B 今天能出来协商结果吗?
Jīntiān néng chūlái xiéshāng jiéguǒ ma?
오늘 결과가 나올 수 있나요?

A 我觉得应该没问题，结果一出来，我就告诉您。
Wǒ juéde yīnggāi méi wèntí, jiéguǒ yì chūlái, wǒ jiù gàosu nín.
문제가 없을 것 같다고 생각해요. 결과가 나오면 바로 알려드릴게요.

B 好的。
Hǎo de.
알겠습니다.

단어 觉得[juéde] ~라고 생각하다, 느끼다

다양한 표현

我们将重新开会讨论涨幅问题。
Wǒmen jiāng chóngxīn kāihuì tǎolùn zhǎngfú wèntí.
저희는 물가상승 문제에 대해 새롭게 미팅을 하려고 합니다.

我们将认真考虑贵公司的要求。
Wǒmen jiāng rènzhēn kǎolǜ guì gōngsī de yāoqiú.
저희는 귀사의 요구를 진지하게 고려해보겠습니다.

我们下个星期再见一次，谈谈细节怎么样?
Wǒmen xià ge xīngqī zàijiàn yí cì, tántan xìjié zěnmeyàng?
저희 다음 주에 다시 만나서 자세한 부분에 대해 말하는 것 어때요?

서로 협력해서 함께 발전합시다.

互相帮助, 一起发展吧。

Hùxiāng bāngzhù, yìqǐ fāzhǎn ba.

후시앙 빵쭈, 이치 파쟌 바

상호 간에 좋은 관계를 유지하자고 할 때 쓸 수 있는 표현으로 앞으로 서로 협력하면서 지내자고 말하는 상황입니다.

대화문 1

A 李总, 希望以后我们互相帮助, 一起发展。
Lǐ zǒng, xīwàng yǐhòu wǒmen hùxiāng bāngzhù, yìqǐ fāzhǎn.
이 팀장님, 우리 서로 협력해서 함께 발전합시다.

B 当然了, 张总, 以后请您多多关照。
Dāngrán le, Zhāng zǒng, yǐhòu qǐng nín duōduō guānzhào.
당연하죠. 장 팀장님. 앞으로 잘 부탁드립니다.

A 您太客气了, 以后还拜托您多多帮忙呢。
Nín tài kèqi le, yǐhòu hái bàituō nín duōduō bāngmáng ne.
별말씀을요. 앞으로 많은 도움을 부탁드립니다.

B 好的, 我们共同发展。
Hǎo de, wǒmen gòngtóng fāzhǎn.
알겠습니다. 우리 같이 발전해요.

단어 发展 [fāzhǎn] 발전하다 共同 [gòngtóng] 공동의

李总，希望以后我们互相帮助，一起发展。
Lǐ zǒng, xīwàng yǐhòu wǒmen hùxiāng bāngzhù, yìqǐ fāzhǎn.
이 팀장님, 우리 서로 협력해서 함께 발전합시다.

没问题，还得拜托您多多关照。
Méi wèntí, hái děi bàituō nín duōduō guānzhào.
문제없습니다. 앞으로 잘 부탁드립니다.

如果有什么需要帮忙的，您尽管说。
Rúguǒ yǒu shénme xūyào bāngmáng de, nín jǐnguǎn shuō.
만약에 무슨 도움 받을 일이 있으면 언제든지 말씀하세요.

好的，太谢谢您了。
Hǎo de, tài xièxie nín le.
알겠습니다. 정말 감사합니다.

尽管 [jǐnguǎn] 얼마든지, 마음 놓고

Part 2 미팅 중

다양한 표현

希望我们今后有更多的合作。
Xīwàng wǒmen jīn hòu yǒu gèng duō de hézuò.
앞으로 더 많은 합작이 있기를 희망합니다.

希望我们的合作更上一层楼。
Xīwàng wǒmen de hézuò gèngshàng yì céng lóu.
저희의 합작이 한 단계 더 성장하기를 희망합니다.

希望我们今后一起努力，一起成长。
Xīwàng wǒmen jīn hòu yìqǐ nǔlì, yìqǐ chéngzhǎng.
앞으로 같이 노력하고, 같이 성장하기를 희망합니다.

75

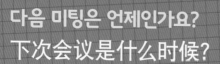

다음 미팅은 언제인가요?
下次会议是什么时候?
Xiàcì huìyì shì shénmeshíhou?
시아츠 후이이 스 션머스호우

다음에 언제 다시 만나는지 물을 때 쓸 수 있는 표현으로 시간을 정하는 상황입니다.

 대화문 1

A 下次会议是什么时候?
Xiàcì huìyì shì shénmeshíhou?
다음 미팅은 언제인가요?

B 应该是下个星期五。
Yīnggāi shì xià ge xīngqīwǔ.
아마도 다음 주 금요일일 거예요.

A 也是在这里吗?
Yě shì zài zhèli ma?
여전히 이곳에 계실 거죠?

B 是的。
Shì de.
네.

단어
应该[yīnggāi] 아마도 ~일 것이다

대화문 2

A 下次会议是什么时候?
Xiàcì huìyì shì shénmeshíhou?
다음 미팅은 언제인가요?

B 听说好像是下个月2号。
Tīngshuō hǎoxiàng shì xià ge yuè èr hào.
다음 달 2일로 들었어요.

A 那天我出差, 不能参加。
Nàtiān wǒ chūchāi, bùnéng cānjiā.
그때 제가 출장이어서 참석이 어렵네요.

B 我会转达给他。
Wǒ huì zhuǎndá gěi tā.
제가 그에게 전달해드릴게요.

단어   听说[tīngshuō] 듣자하니   好像[hǎoxiàng] ~인 것 같다
出差[chūchāi] 출장 가다   参加[cānjiā] 참가하다   转达[zhuǎndá] 전달하다

 다양한 표현

您什么时候比较方便?
Nín shénmeshíhou bǐjiào fāngbiàn?
언제가 비교적 편하신가요?

大概什么时候有时间?
Dàgài shénmeshíhou yǒu shíjiān?
대략 언제 시간이 되시나요?

我们明天有点儿紧, 下次吧。
Wǒmen míngtiān yǒudiǎnr jǐn, xiàcì ba.
저희가 내일 좀 바빠서 다음에 봐요.

잠깐 쉬었다가 다시 진행하시죠.
先休息一下再进行吧。
Xiān xiūxi yíxià zài jìnxíng ba.
시엔 시우시 이시아 짜이 진싱 바

잠시 휴식을 했다가 다시 진행하자고 할 때 쓰는 표현으로 컨디션에 대해 말하는 상황입니다.

대화문 1

A 先休息一下再进行吧。
Xiān xiūxi yíxià zài jìnxíng ba.
잠깐 쉬었다가 다시 진행하시죠.

B 好的, 您有点儿累了, 对吗?
Hǎo de, nín yǒudiǎnr lèi le, duì ma?
알겠습니다. 좀 피곤해 보이시네요, 맞죠?

A 是的, 我需要喝一杯咖啡。
Shì de, wǒ xūyào hē yì bēi kāfēi.
그렇네요, 커피 한잔 마시고 싶어요.

B 我给您拿过来。
Wǒ gěi nín ná guòlái.
제가 가져다드릴게요.

단어 进行[jìnxíng] 진행하다

 대화문 2

A 先休息一下再进行吧。

Xiān xiūxi yíxià zài jìnxíng ba.

잠깐 쉬었다가 다시 진행하시죠.

B 您今天看上去有点儿累。

Nín jīntiān kàn shàngqù yǒudiǎnr lèi.

오늘 보아하니 좀 피곤해 보이시네요.

A 对, 昨天睡得不太好。

Duì, zuótiān shuì de bútài hǎo.

맞아요, 어제 잘 못 잤어요.

B 那您好好儿休息一下, 我给您拿杯咖啡。

Nà nín hǎohāor xiūxi yíxià, wǒ gěi nín ná bēi kāfēi.

그러면 좀 쉬세요. 제가 커피 갖다 드릴게요.

단어 睡[shuì] 자다 休息[xiūxi] 휴식하다

다양한 표현

我们先吃饭, 然后再开始吧。

Wǒmen xiān chī fàn, ránhòu zài kāishǐ ba.

우리 먼저 식사를 하고, 그런 후에 다시 시작해요.

我们先休息一下, 喝一杯咖啡吧。

Wǒmen xiān xiūxi yíxià, hē yì bēi kāfēi ba.

우리 우선 휴식을 하면서, 커피 한잔해요.

我们先休息一下, 再开始怎么样?

Wǒmen xiān xiūxi yíxià, zài kāishǐ zěnmeyàng?

우리 우선 휴식하고 다시 시작하는 것이 어때요?

Part 2 미팅 중

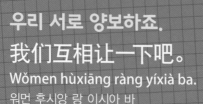

우리 서로 양보하죠.

我们互相让一下吧。

Wǒmen hùxiāng ràng yíxià ba.

워먼 후시앙 랑 이시아 바

문제가 해결되지 않을 때 서로 양보를 하자고 말할 때 쓸 수 있는 표현으로 가격에 대해 협상을 하는 상황입니다.

대화문 1

A **我们互相让一下吧。**
Wǒmen hùxiāng ràng yíxià ba.
우리 서로 양보하죠.

B **这已经是我们的最低价了。**
Zhè yǐjīng shì wǒmen de zuìdī jià le.
이것은 이미 저희의 최저가입니다.

A **如果价格合适，我们以后会经常合作。**
Rúguǒ jiàgé héshì, wǒmen yǐhòu huì jīngcháng hézuò.
만약에 가격이 맞으면, 이후에 자주 합작하도록 하죠.

B **真的不能再降了。**
Zhēnde bùnéng zài jiàng le.
정말로 더 이상 가격을 내릴 수 없습니다.

단어 让[ràng] 양보하다　价格[jiàgé] 가격　合适[héshi] 알맞다, 적합하다
降[jiàng] 내리다

A 我们互相让一下吧。
Wǒmen hùxiāng ràng yíxià ba.
우리 서로 양보하죠.

B 好的，那就再降一点儿。
Hǎo de, nà jiù zài jiàng yìdiǎnr.
알겠습니다. 그러면 조금 낮춰 드릴게요.

A 谢谢，我觉得我们会继续合作。
Xièxie, wǒ juéde wǒmen huì jìxù hézuò.
감사합니다. 우리 계속해서 합작을 할 거라고 생각합니다.

B 好的，希望合作愉快。
Hǎo de, xīwàng hézuò yúkuài.
알겠습니다. 합작이 유쾌하기를 희망합니다.

단어

一点儿 [yìdiǎnr] 조금, 약간

다양한
표현

要不各让一步。
Yàobù gè ràng yí bù.
그럼 우리 서로 양보해요.

这稍微低一点儿。
Zhè shāowēi dī yìdiǎnr.
이것은 약간 좀 낮네요.

这价格太高了，您再让一点儿吧。
Zhè jiàgé tài gāo le, nín zài ràng yìdiǎnr ba.
이 가격은 너무 높은데 다시 양보 좀 해주세요.

Unit 033

현재 T/T로 15일입니다.
现在是T/T15天。
Xiànzài shì T/T shíwǔ tiān.
시엔짜이 스 T/T 스우 티엔

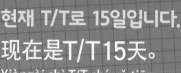

가격조건에 대해 말할 때 쓸 수 있는 표현으로 가격조건의 변경을 요청하는 상황입니다.

 대화문 1

A 现在是T/T15天, 对吧? 延长到20天。
Xiànzài shì T/T shíwǔ tiān, duì ba ? yáncháng dào èrshí tiān.
현재 T/T로 15일인데, 맞죠? 20일로 연장할게요.

B 我们的压力很大, 我们希望账期越长越好。
Wǒmen de yālì hěn dà, wǒmen xīwàng zhàngqī yuè cháng yuè hǎo.
저희가 압박이 많아서 결제가 길면 길수록 좋습니다.

A 好吧, 就30天吧。
Hǎo ba, jiù sānshí tiān ba.
좋습니다. 30일로 하시죠.

B 太谢谢您了。
Tài xièxie nín le.
정말 감사합니다.

단어 延长[yáncháng] 연장　压力[yālì] 스트레스　账期[zhàngqī] 결제

대화문 2

A 现在是T/T15天, 对吧?
Xiànzài shì T/T shíwǔ tiān, duì ba ?
현재 T/T로 15일인데, 맞죠?

B 对, 有什么意见吗?
Duì, yǒu shénme yìjiàn ma ?
맞아요, 다른 의견이 있나요?

A 我们的压力很大, 我们希望账期越长越好。
Wǒmen de yālì hěn dà, wǒmen xīwàng zhàngqī yuè cháng yuè hǎo.
저희의 압박이 커서 길면 길수록 좋습니다.

B 咱们是老朋友了, 就45天吧。
Zánmen shì lǎo péngyou le, jiù sìshíwǔ tiān ba.
저희는 오래된 친구인데, 45일로 하시죠.

단어   意见[yìjiàn] 의견

  다양한 표현

我们只接受信用证付款方式。
Wǒmen zhǐ jiēshòu xìnyòngzhèng fùkuǎn fāngshì.
저희는 신용장의 결제조건으로만 진행됩니다.

我们用付款交单的方式来结帐。
Wǒmen yòng fùkuǎn jiāodān de fāngshì lái jiézhàng.
지급인도 조건에 따라 결제해요.

我们再商量其他付款方式, 好吗?
Wǒmen zài shāngliang qítā fùkuǎn fāngshì, hǎo ma ?
우리 다른 결제조건 방식으로 상의하는 것 어때요?

Part 2

미팅 중

83

신용장은 개설하셨나요?
办理信用证了吗?
Bànlǐ xìnyòngzhèng le ma?
빤리 신용쩡 러 마

신용장 개설에 관한 표현으로 진행에 대해 말하는 상황입니다.

대화문 1

A 办理信用证了吗?
Bànlǐ xìnyòngzhèng le ma?
신용장은 개설하셨나요?

B 还没有, 准备下午去。
Hái méiyou, zhǔnbèi xiàwǔ qù.
아직이요. 오후에 준비하러 가요.

A 要尽快办理。
Yào jǐnkuài bànlǐ.
빨리 처리해주세요.

B 好的。
Hǎo de.
알겠습니다.

단어
办理[bànlǐ] 처리하다　信用证[xìnyòngzhèng] 신용장
尽快[jǐnkuài] 되도록 빨리

84

대화문 2

A 办理信用证了吗?

Bànlǐ xìnyòngzhèng le ma?

신용장은 개설하셨나요?

B 今天刚去了, 但是还需要一些资料。

Jīntiān gāng qùle, dànshì hái xūyào yìxiē zīliào.

오늘 갔어요. 그런데 준비해야 할 자료들이 필요해요.

A 要快点儿进行。

Yào kuài diǎnr jìnxíng.

빨리 진행해야 돼요.

B 好的。

Hǎo de.

알겠습니다.

단어

资料[zīliào] 자료

다양한 표현

你们开立信用证了吗?

Nǐmen kāilì xìnyòngzhèng le ma?

신용장 개설하셨나요?

最后是像之前那样开个信用证。

Zuìhòu shì xiàng zhī qián nàyàng kāi ge xìnyòngzhèng.

마지막으로 예전과 같은 방식으로 신용장을 개설하죠.

如果不用信用证付款, 可能会比较困难。

Rúguǒ bú yòng xìnyòngzhèng fùkuǎn, kěnéng huì bǐjiào kùnnán.

만약에 신용장 결제를 하지 못한다면 좀 힘들 것 같습니다.

제가 책임지고 결정하겠습니다.
我负责决定。
Wǒ fùzé juédìng.
워 푸저 쥐에띵

어떤 일에 대해 책임을 진다고 말할 때 쓸 수 있는 표현으로 진행에 관하여 말하는 상황입니다.

 대화문 1

A 这件事情我负责决定。
Zhè jiàn shìqíng wǒ fùzé juédìng.
이 일은 제가 책임지고 결정하겠습니다.

B 好的, 一定想好后再决定。
Hǎo de, yídìng xiǎng hǎo hòu zài juédìng.
알겠습니다. 꼭 잘 생각하고 나서 결정하세요.

A 我知道, 我会好好思考的。
Wǒ zhīdào, wǒ huì hǎohao sīkǎo de.
알겠습니다. 잘 생각할게요.

B 好的, 不要太着急。
Hǎo de, búyào tài zháojí.
그래요. 너무 서두르지 말고요.

단어 决定[juédìng] 결정하다 思考[sīkǎo] 생각 着急[zháojí] 서두르다

A 这件事情我负责决定。

Zhè jiàn shìqíng wǒ fùzé juédìng.

이 일은 제가 책임지고 결정하겠습니다.

B 好的, 但是时间不是很多了, 你要快点儿做决定。

Hǎo de, dànshì shíjiān búshì hěn duō le, nǐ yào kuài diǎnr zuò juédìng.

그래요. 그런데 시간이 많지 않으니 빨리 처리해야 합니다.

A 好的, 什么时候给答复?

Hǎo de, shénmeshíhou gěi dáfù?

알겠습니다. 언제 답을 드리면 될까요?

B 明天下午吧。

Míngtiān xiàwǔ ba.

내일 오후요.

단어 事情[shìqíng] 일

다양한
표현

包在我身上。

Bāo zài wǒ shēnshang.

저한테 맡기세요.

就让我来承担吧。

Jiù ràng wǒ lái chéngdān ba.

제가 책임지겠습니다.

我会对你们负责的。

Wǒ huì duì nǐmen fùzé de.

제가 책임을 질 겁니다.

Unit
036

원하시는 계약조건은 있으신가요?
您有想要的签约条件吗?
Nín yǒu xiǎngyào de qiānyuē tiáojiàn ma?
니 여우 시앙이야오 더 치엔위에 티아오지엔 마

계약조건에 대해 말하는 표현으로 계약기간 및 자세한 계약에 관해 이야기하는 상황입니다.

대화문 1

A 您有想要的签约条件吗?
Nín yǒu xiǎngyào de qiānyuē tiáojiàn ma?
원하시는 계약조건은 있으신가요?

B 有, 我希望签约时间是一年, 可以吗?
Yǒu, wǒ xīwàng qiānyuē shíjiān shì yì nián, kěyǐ ma?
있습니다. 계약기간을 1년으로 하기를 원하는데 가능한가요?

A 当然可以, 还有吗?
Dāngrán kěyǐ, háiyǒu ma?
당연히 가능하죠. 또 다른 것이 있나요?

B 没有了。
Méiyou le.
없습니다.

단어

签约[qiānyuē] 계약   条件[tiáojiàn] 조건

대화문 2

A 您有想要的签约条件吗?

Nín yǒu xiǎngyào de qiānyuē tiáojiàn ma?

원하시는 계약조건은 있으신가요?

B 签约时间能不能再短一点儿?

Qiānyuē shíjiān néngbunéng zài duǎn yìdiǎnr?

계약기간을 좀 짧게 할 수 없을까요?

A 您希望是多长时间?

Nín xīwàng shì duō cháng shíjiān?

얼마의 기간을 원하시나요?

B 我觉得一年比较合适。

Wǒ juéde yì nián bǐjiào héshì.

제 생각에 1년이 비교적 적합한 것 같습니다.

단어

比较[bǐjiào] 비교적 合适[héshì] 적합하다

다양한
표현

合同上有没有意见不一致的地方?

Hétóng shàng yǒuméiyou yìjiàn bù yízhì de dìfang?

계약서상에 의견이 불일치한 곳이 있어요?

您对付款条件有没有意见?

Nín duì fùkuǎn tiáojiàn yǒuméiyou yìjiàn?

결제조건에 의견이 있으신가요?

其他条款你还有什么问题吗?

Qítā tiáokuǎn nǐ háiyǒu shénme wèntí ma?

기타 조항에 관해서 또 무슨 문제가 있나요?

89

Unit 037

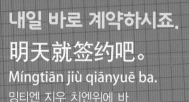

내일 바로 계약하시죠.
明天就签约吧。
Míngtiān jiù qiānyuē ba.
밍티엔 지우 치엔위에 바

계약을 진행하자고 할 때 쓸 수 있는 표현으로 계약 시간과 장소를 정하는 상황입니다.

 대화문 1

Ａ 明天就签约吧。
Míngtiān jiù qiānyuē ba.
내일 바로 계약하시죠.

Ｂ 好的, 什么时间, 在哪里?
Hǎo de, shénme shíjiān, zài nǎlǐ?
좋습니다. 언제 어디서 할까요?

Ａ 明天上午10点, 在我们公司办公室。
Míngtiān shàngwǔ shí diǎn, zài wǒmen gōngsī bàngōngshì.
내일 오전 10시에 우리 회사 사무실에서 하죠.

Ｂ 好的, 明天上午10点, 我准时到。
Hǎo de, míngtiān shàngwǔ shí diǎn, wǒ zhǔnshí dào.
알겠습니다. 내일 오전 10시에 맞춰서 갈게요.

단어 办公室[bàngōngshi] 사무실 准时[zhǔnshi] 정확한 시간

90

A 明天就签约吧。

Míngtiān jiù qiānyuē ba.

내일 바로 계약하시죠.

B 明天我时间不行, 后天可以吗?

Míngtiān wǒ shíjiān bù xíng, hòutiān kěyǐ ma?

내일 제가 시간이 안 되는데, 모레 가능하시나요?

A 好的, 后天下午2点, 在我们公司办公室, 可以吗?

Hǎo de, hòutiān xiàwǔ liǎng diǎn, zài wǒmen gōngsī bàngōngshì,
kěyǐ ma?

좋습니다. 모레 오후 2시에 우리 회사 사무실에서 하는 거 어떠세요?

B 可以, 后天见。

Kěyǐ, hòutiān jiàn.

가능합니다. 모레 뵙겠습니다.

단어

后天 [hòutiān] 모레

다양한
표현

明天我们就签合同吧。

Míngtiān wǒmen jiù qiān hétóng ba.

내일 우리 계약을 하시죠.

这是合同草案, 请仔细看看条款内容。

Zhè shì hétóng cǎo'àn, qǐng zǐxì kànkan tiáokuǎn nèiróng.

이것은 계약서 초안인데, 계약 내용을 자세히 보세유

我对合同条款很满意。

Wǒ duì hétóng tiáokuǎn hěn mǎnyì.

저는 계약조건에 만족합니다.

Unit
038

이야기하는 김에 이번 내용의 세부사항도 같이 이야기하시죠.

既然说到这里, 就一起说一下这次内容的具体事项吧。

Jìrán shuōdào zhèli, jiù yìqǐ shuō yíxià zhècì nèiróng de jùtǐ shìxiàng ba.

지란 슈어 따어 쪄리, 지우 이치 슈어 이시아 쪄츠 네이롱 더 쥐티 스시앙 바

계약조건의 세부사항에 대해 이야기할 때 쓸 수 있는 표현으로 서로의 의견을 말하는 상황입니다.

 대화문 1

🅰 既然说到这里, 就一起说一下这次内容的具体事项吧。
Jìrán shuōdào zhèli, jiù yìqǐ shuō yíxià zhècì nèiróng de jùtǐ shìxiàng ba.
이야기하는 김에 이번 내용의 세부사항도 같이 이야기하시죠.

🅱 好的, 您觉得怎么做比较好?
Hǎo de, nín juéde zěnme zuò bǐjiào hǎo?
알겠습니다. 어떻게 하는 것이 좋으신가요?

🅰 我想听听大家的意见。
Wǒ xiǎng tīngting dàjiā de yìjiàn.
저는 여러분들의 의견을 듣고 싶습니다.

🅱 那从李总开始说一下吧。
Nà cóng Lǐ zǒng kāishǐ shuō yíxià ba.
그럼 이 팀장님부터 말씀해보시죠.

단어
内容[nèiróng] 내용　具体[jùtǐ] 구체적　事项[shìxiàng] 사항

A 既然说到这里, 就一起说一下这次内容的具体事项吧。

Jìrán shuōdào zhèli, jiù yìqǐ shuō yíxià zhècì nèiróng de jùtǐ shìxiàng ba.

이야기하는 김에 이번 내용의 세부사항도 같이 이야기하시죠.

B 关于具体事项, 下次会议会进行讨论。

Guānyú jùtǐ shìxiàng, xiàcì huìyì huì jìnxíng tǎolùn.

구체적인 사항에 대해서는 다음 회의에서 토론을 진행할 겁니다.

A 今天时间不合适吗?

Jīntiān shíjiān bù héshì ma?

오늘 시간은 괜찮지 않으신가요?

B 是的, 还有一些问题需要一起讨论。

Shì de, háiyǒu yìxiē wèntí xūyào yìqǐ tǎolùn.

가능합니다. 문제들을 같이 토론을 해봐야겠네요.

단어 关于[guānyú] ~에 관하여 讨论[tǎolùn] 토론하다

> 다양한
> 표현

现在合同上的所有问题都解决了。

Xiànzài hétóng shàng de suǒyǒu wèntídōu jiějuéle.

현재 계약서상의 모든 문제들이 해결되었습니다.

如果有什么问题, 请及时指出。

Rúguǒ yǒu shénme wèntí, qǐng jíshí zhǐchū.

만약에 무슨 문제가 있으면 바로 말씀해주세요.

我先修改刚才我们说过的内容吧。

Wǒ xiān xiūgǎi gāngcái wǒmen shuōguo de nèiróng ba.

우선 방금 우리가 말했던 내용을 수정하시죠.

Unit 039

저희는 어쩔 수 없이 가격을 올려야 합니다.
我们不得不涨价。
Wǒmen bùdébù zhǎngjià.
워먼 뿌더뿌 장지아

가격에 관해 말할 때 쓸 수 있는 표현으로 가격에 대한 서로의 입장을 이야기하는 상황입니다.

 대화문 1

A 不好意思, 我们不得不涨价。
Bùhǎoyìsi, wǒmen bùdébù zhǎngjià.
죄송한데 저희가 어쩔 수 없이 가격을 올려야 합니다.

B 我也理解, 但是涨得太多了。
Wǒ yě lǐjiě, dànshì zhǎng de tài duō le.
저도 이해하지만 가격 상승이 너무 많은 것 같아요.

A 我们也是没办法, 请多谅解。
Wǒmen yě shì méi bànfǎ, qǐng duō liàngjiě.
저희도 방법이 없네요. 이해 부탁드립니다.

B 好的, 我会考虑一下。
Hǎo de, wǒ huì kǎolǜ yíxià.
알겠습니다. 제가 고려해보겠습니다.

단어 涨价[zhǎngjià] 값이 오르다 理解[lǐjiě] 이해하다 办法[bànfǎ] 방법
谅解[liàngjiě] 양해하다 考虑[kǎolǜ] 고려하다

A 不好意思，我们不得不涨价。

Bùhǎoyìsi, wǒmen bùdébù zhǎngjià.

죄송한데 저희가 어쩔 수 없이 가격을 올려야 합니다.

B 但是我们上次已经说好价钱了。

Dànshì wǒmen shàngcì yǐjīng shuō hǎo jiàqián le.

그렇지만 저희가 저번에 이미 가격에 대해 약속했잖아요.

A 我知道，但是最近物价都上涨，我们也是没办法。

Wǒ zhīdào, dànshì zuìjìn wùjià dōu shàngzhǎng, wǒmen yě shì méi bànfǎ.

알고 있지만 최근에 물가가 상승해서, 저희도 방법이 없네요.

B 那好吧。

Nà hǎo ba.

그럼 알겠습니다.

단어 不得不[bùdébù] 어쩔 수 없이　价钱[jiàqián] 가격　物价[wùjià] 물가

다양한 표현

我们重新报价给贵公司吧。

Wǒmen chóngxīn bàojià gěi guì gōngsī ba.

우리는 귀사에게 다시 견적을 드리겠습니다.

希望你们提出一个更合理的价格。

Xīwàng nǐmen tíchū yí ge gèng hélǐ de jiàgé.

더 합리적인 가격을 제시해주시기를 희망합니다.

贵公司报的价格有点儿偏高。

Guì gōngsī bào de jiàgé yǒudiǎnr piāngāo.

귀사에서 주신 견적은 다소 비쌉니다.

오늘은 여기까지 하겠습니다.
今天就到这儿。
Jīntiān jiù dào zhèr.
진티엔 지우 따오 쩔

미팅은 여기까지 하자고 할 때 쓸 수 있는 표현으로 이후의 상황에 대해 서로 묻는 상황입니다.

 대화문 1

A 今天就到这儿。
Jīntiān jiù dào zhèr.
오늘은 여기까지 하겠습니다.

B 好的, 今天辛苦了, 路上小心。
Hǎo de, jīntiān xīnkǔ le, lùshang xiǎoxīn.
그래요. 오늘 수고하셨습니다. 가시는 길 조심하시고요.

A 你也辛苦了, 明天见。
Nǐ yě xīnkǔ le, míngtiān jiàn.
수고하셨어요. 내일 봬요.

B 好的, 再见。
Hǎo de, zàijiàn.
네, 안녕히 가세요.

단어
辛苦[xīnkǔ] 고생하다

A 今天就到这儿。
Jīntiān jiù dào zhèr.
오늘은 여기까지 하겠습니다.

B 时间过得真快, 这么快就结束了。
Shíjiān guò de zhēn kuài, zhème kuài jiù jiéshù le.
시간이 정말 빠르게 가네요. 이렇게 빨리 끝나네요.

A 对啊, 现在你要去哪儿?
Duì a, xiànzài nǐ yào qù nǎr?
그러게요. 이제 어디로 가시나요?

B 我准备回家休息。
Wǒ zhǔnbèi huíjiā xiūxi.
집에 가서 쉬려고요.

단어 结束[jiéshù] 끝나다

다양한 표현

今天我们说到这儿吧。
Jīntiān wǒmen shuō dào zhèr ba.
우리 오늘 여기까지 이야기하시죠.

我们说到哪儿呢?
Wǒmen shuō dào nǎr ne?
우리가 어디까지 말했죠?

我们下次再找个时间见吧。
Wǒmen xiàcì zài zhǎo ge shíjiān jiàn ba.
우리 다음에 시간 잡아서 만나요.

복습하기

Unit 021 우선 무엇부터 이야기할까요?
要先说什么呢?
Yào xiān shuō shénme ne?

Unit 022 오늘 일정에 대해 먼저 말씀드리겠습니다.
我先来说一下今天的日程。
Wǒ xiān lái shuō yíxià jīntiān de rìchéng.

Unit 023 요즘 일은 어떠신가요?
最近的生意怎么样?
Zuìjìn de shēngyì zěnmeyàng?

Unit 024 그것은 사장님과 상의를 해봐야 할 것 같아요.
那件事需要和老板商量一下。
Nà jiàn shì xūyào hé lǎobǎn shāngliang yíxià.

Unit 025 이 부분은 우선 상황을 보고 다시 이야기하죠.
关于这一部分, 我们先报告一下情况再说吧。
Guānyú zhè yí bùfen, wǒmen xiān bàogào yíxià qíngkuàng zài shuō ba.

Unit 026 귀사에서 보낸 메일은 이미 받았어요.
我已经收到了贵公司发的邮件。
Wǒ yǐjīng shōudàole guì gōngsī fā de yóujiàn.

Unit 027 샘플은 조만간 보내겠습니다.
我马上给您发样本。
Wǒ mǎshàng gěi nín fā yàngběn.

Unit 028 그 부분은 영업부에서 협상을 하고 있습니다.
关于这一部分, 正在和营业部协商。
Guānyú zhè yí bùfen, zhèngzài hé yíngyèbù xiéshāng.

Unit 029 서로 협력해서 함께 발전합시다.
互相帮助, 一起发展吧。
Hùxiāng bāngzhù, yìqǐ fāzhǎn ba.

Unit 030 다음 미팅은 언제인가요?
下次会议是什么时候?
Xiàcì huìyì shì shénmeshíhou?

Unit 031 잠깐 쉬었다가 다시 진행하시죠.

先休息一下再进行吧。

Xiān xiūxi yíxià zài jìnxíng ba.

Unit 032 우리 서로 양보하죠.

我们互相让一下吧。

Wǒmen hùxiāng ràng yíxià ba.

Unit 033 현재 T/T로 15일입니다.

现在是T/T15天。

Xiànzài shì T/T shíwǔ tiān.

Unit 034 신용장은 개설하셨나요?

办理信用证了吗?

Bànlǐ xìnyòngzhèng le ma?

Unit 035 제가 책임지고 결정하겠습니다.

我负责决定。

Wǒ fùzé juédìng.

Unit 036 원하시는 계약조건은 있으신가요?

您有想要的签约条件吗?

Nín yǒu xiǎngyào de qiānyuē tiáojiàn ma?

Unit 037 내일 바로 계약하시죠.

明天就签约吧。

Míngtiān jiù qiānyuē ba.

Unit 038 이야기하는 김에 이번 내용의 세부사항도 같이 이야기하시죠.

既然说到这里，就一起说一下这次内容的具体事项吧。

Jìrán shuōdào zhèli, jiù yìqǐ shuō yíxià zhècì nèiróng de jùtǐ shìxiàng ba.

Unit 039 저희는 어쩔 수 없이 가격을 올려야 합니다.

我们不得不涨价。

Wǒmen bùdébù zhǎngjià.

Unit 040 오늘은 여기까지 하겠습니다.

今天就到这儿。

Jīntiān jiù dào zhèr.

결제방식의 종류

중국과 거래를 할 때는 대금의 금액과 회사의 규모에 따라 결제방식
은 달라지지만 대부분 신용장 결제방식 혹은 T/T방식으로 하는 경
우가 많습니다.

첫 번째로 송금결제방식입니다.
가장 많이 사용하고 있는 송금결제방식은 물품의 수령 전, 후 또
는 동시에 전신환(T/T), 우편환(M/T) 등으로 대금을 결제하는 방
식입니다.
계약조건에 따라 송금방식이 달라지는데, 환결제방식의 경우 송금
은행이 매수인에게 수표를 발행해주는 대신 수출지에 있는 지급은
행에 일정 금액을 매도인에게 지급해줄 것을 위탁하는 것입니다.

두 번째로 신용장결제방식입니다.
신용장에 의해 수출을 하는 경우 수출대금은 계약조건에 따라 결제
대금 지급조건이 달라지긴 하지만, 수출물품을 선적을 완료한 후 선
하증권, 보험증권, 상업송장을 구비하여 거래은행에 환어음의 추심
을 의뢰하는 방식입니다.
신용장은 은행이 지급 약속을 한 것이기 때문에 수출대금을 반드시
회수할 수 있습니다. 보통 계약 후 중도금 및 잔금을 지불하는 방식
으로 진행이 됩니다.

세 번째로 추심결제방식입니다.
신용장이 없을 경우에는 D/P, D/A방법을 이용할 수 있습니다.
D/P, D/A방법은 환어음의 추심이 완료된 후에 지급하는 방법을 의

미합니다.

D/P는 수술업자가 수출물품을 선적하고 난 후 운송서류에 일람급 환어음을 발행하고, 수출상 거래은행을 통해 수입지 은행에 추심을 의뢰합니다. 환어금과 선적서류를 받은 수입지의 은행은 수입상이 수입대금을 지급하며 선적서류를 인도하게 됩니다. D/A는 기한부 조건으로 기한부 환어음과 선적서류를 수입상 앞으로 보내 추심을 진행합니다.

Part

3

업무 중

고객과 업무 및 출장과 관련하여 소통을 하는 경우가 많습니다.
업무의 이야기뿐만 아니라 업무 외적인 이야기를 고객과 소통할 수 있기 때문에
기본적인 생활의 대화 패턴에 대해서도 준비가 되어 있어야 합니다.

Unit 041

회의 시간이 바뀌었네요.

开会时间变了。

Kāihuì shíjiān biàn le.

카이후이 스지엔 삐엔 러

회의 시간이 변경되었을 때 사용하는 표현으로 시간 변경에 대해 말할 때의 상황입니다.

 대화문 1

A 开会时间变了。
Kāihuì shíjiān biàn le.
회의 시간이 바뀌었네요.

B 对, 上次开会时说过了。
Duì, shàngcì kāihuì shí shuōguo le.
맞아요. 저번 회의 때 말했었어요.

A 是吗? 我没听到。
Shì ma? wǒ méi tīngdào.
그래요? 저는 듣지 못했어요.

B 以后一直是这个时间。
Yǐhòu yìzhí shì zhège shíjiān.
이후에도 계속 이 시간이래요.

단어
变 [biàn] 바뀌다

104

A 开会时间变了。

Kāihuì shíjiān biàn le.

회의 시간이 바뀌었네요.

B 是的, 改成了今天下午2点。

Shì de, gǎichéngle jīntiān xiàwǔ liǎng diǎn.

네. 오늘 오후 2시로 바꿨어요.

A 以后一直这个时间吗?

Yǐhòu yìzhí zhège shíjiān ma?

이후에도 계속 이 시간인가요?

B 不是, 只有这一次。

Búshì, zhǐyǒu zhè yícì.

아니요, 이번만이요.

단어

改成[gǎichéng] 고쳐서 ~으로 하다

다양한 표현

今天的会议取消了吗?

Jīntiān de huìyì qǔxiāo le ma ?

오늘 회의 시간이 취소되었나요?

今天的会议延后一个小时。

Jīntiān de huìyì yánhòu yí ge xiǎoshí.

오늘 회의가 1시간 연장되었습니다.

本周的会议改到下午四点半。

Běnzhōu de huìyì gǎi dào xiàwǔ sì diǎn bàn.

이번 주 회의가 오후 4시 30분으로 변경되었습니다.

Unit 042

지금 회의 중인데 누구시죠?

现在正在开会, 您是哪位?

Xiànzài zhèngzài kāihuì, nín shì nǎ wèi?

시엔짜이 쩡짜이 카이후이, 닌 스 나 웨이

회의 중에 전화가 왔을 때 사용하는 표현으로 자리에 없어서 나중에 연락을 준다고 말하는 상황입니다.

 대화문 1

A 现在正在开会, 您是哪位?

Xiànzài zhèngzài kāihuì, nín shì nǎ wèi?

지금 회의 중인데 누구시죠?

B 我是东方公司的李总。

Wǒ shì Dōngfāng gōngsī de Lǐ zǒng.

저는 동방회사의 이 팀장입니다.

A 李总, 您好, 我会议结束后给您回电话, 可以吗?

Lǐ zǒng, nín hǎo, wǒ huìyì jiéshù hòu gěi nín huí diànhuà, kěyǐ ma?

이 팀장님, 안녕하세요. 제가 회의가 끝나고 전화 드릴게요. 괜찮으실까요?

B 好的。

Hǎo de.

알겠습니다.

단어 开会[kāihuì] 회의를 하다

106

대화문 2

A 现在正在开会, 您是哪位?
Xiànzài zhèngzài kāihuì, nín shì nǎ wèi?
지금 회의 중인데 누구시죠?

B 我是东方公司的李总, 我找张总。
Wǒ shì Dōngfāng gōngsī de Lǐ zǒng, wǒ zhǎo Zhāng zǒng.
저는 동방회사의 이 팀장인데, 장 팀장님을 찾습니다.

A 张总正在开会, 我转告张总。
Zhāng zǒng zhèngzài kāihuì, wǒ zhuǎngào Zhāng zǒng.
장 팀장님 지금 회의 중인데, 장 팀장님에게 알려드릴게요.

B 好的, 谢谢。
Hǎo de, xièxie.
알겠습니다. 고맙습니다.

단어 转告[zhuǎngào] 전달하다

Part 3
업무 중

您找哪位?
Nín zhǎo nǎ wèi?
어떤 분을 찾으세요?

您是哪位?
Nín shì nǎ wèi?
누구시죠?

他现在不在, 有没有留言?
Tā xiànzài bú zài, yǒuméiyou liúyán?
그가 지금 안 계신데, 남기실 말씀 있으신가요?

다양한 표현

107

돌아오면 연락하라고 하겠습니다.
他回来, 我让他联系您。
Tā huílái, wǒ ràng tā liánxì nín.
타 후이라이, 워 랑 타 리엔시 닌

찾는 사람이 돌아오면 연락을 준다고 말할 때 쓸 수 있는 표현으로 메시지를 전달하겠다고 이야기하는 상황입니다.

 대화문 1

A 他回来, 我让他联系您。
Tā huílái, wǒ ràng tā liánxì nín.
돌아오면 연락하라고 하겠습니다.

B 他什么时候回来?
Tā shénmeshíhou huílái?
언제 돌아오죠?

A 我也不太清楚, 应该下个星期。
Wǒ yě bútài qīngchu, yīnggāi xià ge xīngqī.
저도 잘 모르겠어요. 아마도 다음 주일 겁니다.

B 您可以给我他的电话号码吗?
Nín kěyǐ gěi wǒ tā de diànhuà hàomǎ ma?
저에게 그의 전화번호를 주실 수 있나요?

단어 | 清楚 [qīngchu] 명확하다

A 他回来，我让他联系您。

Tā huílái, wǒ ràng tā liánxì nín.

돌아오면 연락하라고 하겠습니다.

B 那就麻烦您了，我叫张娜，我前几天联系过他。

Nà jiù máfan nín le, wǒ jiào Zhāngnà, wǒ qián jǐ tiān liánxìguo tā.

번거롭게 했네요. 저는 장나이고, 며칠 전에 그와 연락했었습니다.

A 好的，我会转告他。

Hǎo de, wǒ huì zhuǎngào tā.

알겠습니다. 제가 전달해드리겠습니다.

B 那就谢谢您了。

Nà jiù xièxie nín le.

그러면 감사하겠습니다.

단어

麻烦[máfan] 번거롭게 하다

 다양한 표현

他回来以后，我会转告他。

Tā huílái yǐhòu, wǒ huì zhuǎngào tā.

그가 돌아온 후에 제가 그에게 알려드릴게요.

一会儿他回来我告诉你。

Yíhuìr tā huílái wǒ gàosu nǐ.

좀 있다가 돌아오면 그에게 알려줄게요.

我告诉他给您回个电话。

Wǒ gàosu tā gěi nín huí ge diàn huà.

전화 드리라고 그에게 알려줄게요.

죄송한데 이메일 주소 좀 알려주시겠어요?
不好意思, 能说一下您的邮箱地址吗?
不好意思, 能说一下您的邮箱地址吗?
Bùhǎoyìsi, néng shuō yíxià nín de yóuxiāng dìzhǐ ma?
뿌하오이쓰, 넝 슈어 이시아 닌 더 여우시앙 띠즈 마

이메일 주소를 알려달라고 할 때 쓸 수 있는 표현으로 핸드폰 번호나 이메일 주소를 알려주며 말하는 상황입니다.

 대화문 1

A **不好意思, 能说一下您的邮箱地址吗?**
Bùhǎoyìsi, néng shuō yíxià nín de yóuxiāng dìzhǐ ma?
죄송한데, 이메일 주소 좀 알려주시겠어요?

B **好的, 12345@sina.com。**
Hǎo de, yīèrsānsìwǔ quān a sina diǎn com.
알겠습니다. 12345@sina.com 입니다.

A **我确认一下, 是12345@sina.com吗?**
Wǒ quèrèn yíxià, shì yīèrsānsìwǔ quān a sina diǎn com ma?
제가 확인해볼게요. 12345@sina.com 이죠?

B **对, 您现在可以给我发吗?**
Duì, nín xiànzài kěyǐ gěi wǒ fā ma?
맞아요. 지금 저에게 보내실 수 있나요?

단어 地址[dìzhǐ] 주소 确认[quèrèn] 확인하다

110

A 不好意思，能说一下您的邮箱地址吗?

Bùhǎoyìsi, néng shuō yíxià nín de yóuxiāng dìzhǐ ma?

죄송한데, 이메일 주소 좀 알려주시겠어요?

B 好的，我发短信给你吧。

Hǎo de, wǒ fā duǎnxìn gěi nǐ ba.

알겠습니다. 제가 문자로 보내드릴게요.

A 好的，我的手机号是13869537782。

Hǎo de, wǒ de shǒujīhào shì yāosānbāliù jiǔwǔsānqī qībāèr.

알겠습니다. 제 핸드폰 번호는 13869537782입니다.

B 好的，我现在就给您发过去。

Hǎo de, wǒ xiànzài jiù gěi nín fā guòqù.

알겠습니다. 제가 지금 보냈어요.

단어

短信 [duǎnxìn] 문자

다양한
표현

我扫您微信吧。

Wǒ sǎo nín wēixìn ba.

위쳇에 추가할게요.

我可以加您的微信吗?

Wǒ kěyǐ jiā nín de wēixìn ma?

제가 위쳇에 추가해도 될까요?

我可以扫你的二维码吗?

Wǒ kěyǐ sǎo nǐ de èrwéimǎ ma?

제가 당신의 QR코드를 추가해도 될까요?

제가 문자 드릴게요.
我给您发短信。
Wǒ gěi nín fā duǎnxìn.
워 게이 닌 파 뚜안신

문자를 준다고 할 때 쓸 수 있는 표현으로 전달하는 방식에 대해 말하는 상황입니다.

 대화문 1

A 我给您发短信。
Wǒ gěi nín fā duǎnxìn.
제가 문자 드릴게요.

B 好的, 您能现在发吗?
Hǎo de, nín néng xiànzài fā ma?
알겠어요. 지금 보내줄 수 있어요?

A 可以, 你的电话号码是13567895421, 对吗?
Kěyǐ, nǐ de diànhuà hàomǎ shì yāosānwǔliù qībājiǔwǔ sìèryāo, duì ma?
가능합니다. 전화번호가 13567895421, 맞죠?

B 是的。
Shì de.
네.

단어
号码[hàomǎ] 번호

A 我给您发短信。
Wǒ gěi nín fā duǎnxìn.
제가 문자 드릴게요.

B 我的手机现在收不到短信，您给我发邮箱吧。
Wǒ de shǒujī xiànzài shōubudào duǎnxìn, nín gěi wǒ fā yóuxiāng ba.
제 핸드폰이 지금 문자를 받을 수 없는데, 이메일로 주세요.

A 好的，我现在就给你发。
Hǎo de, wǒ xiànzài jiù gěi nǐ fā.
알겠습니다. 지금 보낼게요.

B 好的，我确认后，给你打电话。
Hǎo de, wǒ quèrèn hòu, gěi nǐ dǎ diànhuà.
알겠습니다. 제가 확인 후 전화 드릴게요.

단어

收到[shōudào] 받다   邮箱[yóuxiāng] 우편함, 이메일

다양한 표현

我发的短信，你收到了没有?
Wǒ fā de duǎnxìn, nǐ shōudào le méiyou ?
제가 보낸 문자 받으셨나요?

我还没收到您发的短信。
Wǒ hái méi shōudào nín fā de duǎnxìn.
저는 아직 보내신 문자를 받지 못했어요.

我已经收到了你发的短信。
Wǒ yǐjīng shōudàole nǐ fā de duǎnxìn.
보내신 문자는 이미 받았어요.

Unit 046

지금 밖인데 회사에 들어가서 다시 연락드릴게요.

现在在外边, 回公司后再联系您。

Xiànzài zài wàibian, huí gōngsī hòu zài liánxì nín.

시엔짜이 짜이 와이비엔, 후이 꽁쓰 호우 짜이 리엔시 닌

다시 연락을 한다고 말할 때 쓸 수 있는 표현으로 시간을 조율하는 상황입니다.

대화문 1

A 现在在外边, 回公司后再联系您。

Xiànzài zài wàibian, huí gōngsī hòu zài liánxì nín.

지금 밖인데 회사에 들어가서 다시 연락드릴게요.

B 好的, 大约什么时候?

Hǎo de, dàyuē shénmeshíhou?

알겠습니다. 언제 정도요?

A 下午3点左右, 可以吗?

Xiàwǔ sān diǎn zuǒyòu, kěyǐ ma?

오후 3시 정도요. 가능하세요?

B 3点我在开会, 4点左右吧。

Sān diǎn wǒ zài kāihuì, sì diǎn zuǒyòu ba.

3시에는 제가 회의를 해서, 4시 정도에요.

단어 外边[wàibian] 밖 大约[dàyuē] 대략

A 现在在外边，回公司后再联系您。
Xiànzài zài wàibian, huí gōngsī hòu zài liánxì nín.
지금 밖인데 회사에 들어가서 다시 연락드릴게요.

B 好的，事情有点儿急，所以请尽快联系我。
Hǎo de, shìqíng yǒudiǎnr jí, suǒyǐ qǐng jǐnkuài liánxì wǒ.
알겠습니다. 일이 좀 급해서 최대한 빨리 연락주세요.

A 我3点左右回公司，一会去就联系您。
Wǒ sān diǎn zuǒyòu huí gōngsī, yíhuì qù jiù liánxì nín.
제가 3시 정도에 회사에 들어가니 좀 있다가 연락드릴게요.

B 好的。
Hǎo de.
알겠습니다.

단어 事情[shìqíng] 일　急[jí] 급하다

我们下个月再见一次吧。
Wǒmen xià ge yuè zài jiàn yí cì ba.
우리 다음 달에 다시 한번 봐요.

我现在接电话不方便，一会儿给您打电话吧。
Wǒ xiànzài jiē diànhuà bù fāngbiàn, yíhuìr gěi nín dǎ diànhuà ba.
제가 지금 전화 받기가 불편한데, 좀 있다가 전화 드릴게요.

我一会儿给你打电话，可以吗?
Wǒ yíhuìr gěi nǐ dǎ diànhuà, kěyǐ ma?
제가 좀 있다가 전화 드릴게요, 괜찮으세요?

다양한 표현

오늘까지 마무리 지어야 돼요.
今天要全部完成。
Jīntiān yào quánbù wánchéng.

진티엔 이야오 취엔뿌 완청

어떤 일에 대해서 마무리해야 한다고 말할 때 쓸 수 있는 표현으로 진행 상황에 대해서 대화하는 상황입니다.

 대화문 1

A **今天要全部完成。**
Jīntiān yào quánbù wánchéng.
오늘까지 마무리 지어야 돼요.

B **量太多了, 有点困难。**
Liàng tài duō le, yǒudiǎn kùnnán.
수량이 너무 많아서 약간 곤란합니다.

A **那就只能加班了。**
Nà jiù zhǐ néng jiābān le.
그러면 야근할 수밖에 없네요.

B **已经加了两天班了, 太累了。**
Yǐjīng jiāle liǎng tiān bān le, tài lèi le.
이미 이틀 야근을 해서 너무 피곤해요.

단어 全部[quánbù] 전부 完成[wánchéng] 완성하다 加班[jiābān] 야근하다

대화문 2

A 今天要全部完成。
Jīntiān yào quánbù wánchéng.
오늘까지 마무리 지어야 돼요.

B 已经快结束了，应该没问题。
Yǐjīng kuài jiéshù le, yīnggāi méi wèntí.
이미 거의 끝났어요. 문제없을 겁니다.

A 太棒了，终于要结束了。
Tài bàng le, zhōngyú yào jiéshù le.
대단한데요. 마침내 끝났네요.

B 对，结束后，我们要好好休息一下。
Duì, jiéshù hòu, wǒmen yào hǎohao xiūxi yíxià.
맞아요. 끝내고 난 후에 우리 쉬자고요.

단어 终于[zhōngyú] 마침내　棒[bàng] 대단하다

今天是最后一天。
Jīntiān shì zuìhòu yì tiān.
오늘이 마지막 하루입니다.

今天一定要完成。
Jīntiān yídìng yào wánchéng.
오늘 꼭 완성해야 돼요.

下个星期就到期了，今天一定要去。
Xià ge xīngqī jiù dàoqī le, jīntiān yídìng yào qù.
다음 주가 바로 기한인데, 오늘 꼭 가야돼요.

Part 3 업무 중

혹시 시간되면 도와줄 수 있나요?

有时间的时候, 可以帮我一下吗?

Yǒu shíjiān de shíhou, kěyǐ bāng wǒ yíxià ma?

여우 스지엔 더 스호우, 커이 빵 워 이시아 마

도움을 요청할 때 쓸 수 있는 표현으로 어떤 도움이 필요한지에 대해 말하는 상황입니다.

대화문 1

A 有时间的时候, 可以帮我一下吗?

Yǒu shíjiān de shíhou, kěyǐ bāng wǒ yíxià ma?

혹시 시간되면 도와줄 수 있나요?

B 当然可以, 帮你什么呢?

Dāngrán kěyǐ, bāng nǐ shénme ne?

당연히 가능하죠. 뭘 도와드릴까요?

A 帮我去拿一个东西。

Bāng wǒ qù ná yí ge dōngxi.

저를 도와서 물건을 꺼내주세요.

B 好的, 我做完这些就去。

Hǎo de, wǒ zuò wán zhèxiē jiù qù.

알겠습니다. 제가 이것들을 끝내고 갈게요.

단어 帮 [bāng] 돕다 拿 [ná] 꺼내다

A 有时间的时候, 可以帮我一下吗?

Yǒu shíjiān de shíhou, kěyǐ bāng wǒ yíxià ma?

혹시 시간되면 도와줄 수 있나요?

B 但是我现在也有一些事情要做, 大约3点结束。

Dànshì wǒ xiànzài yě yǒu yìxiē shìqíng yào zuò, dàyuē sān diǎn jiéshù.

그런데 제가 지금 해야 할 일이 있어서 3시 정도에 끝나요.

A 可以, 4点左右, 能帮我整理一下这些资料吗?

Kěyǐ, sì diǎn zuǒyòu, néng bāng wǒ zhěnglǐ yíxià zhèxiē zīliào ma?

괜찮아요. 4시 정도에 이 자료들을 정리하는 것을 도와줄 수 있어요?

B 当然可以。

Dāngrán kěyǐ.

당연히 가능해요.

단어 整理[zhěnglǐ] 정리하다 资料[zīliào] 자료

麻烦您能帮我这件事吗?

Máfan nín néng bāng wǒ zhè jiàn shì ma?

이 일을 도와줄 수 있어요?

你有时间的话, 能帮我的忙吗?

Nǐ yǒu shíjiān de huà, néng bāng wǒ de máng ma?

시간이 된다면 날 도와줄 수 있나요?

您方便的话, 您来帮我吧。

Nín fāngbiàn de huà, nín lái bāng wǒ ba.

불편하지 않다면, 도와주세요.

다양한 표현

119

이 일에 대해서는 해결을 해주셔야 할 것 같은데요.

您要解决一下这件事。

Nín yào jiějué yíxià zhè jiàn shì.

닌 이야오 지에쥐에 이시아 쩌 지엔 스

어떤 일에 대해 해결을 요청할 때 쓸 수 있는 표현으로 언제 가능한지에 대해 말하는 상황입니다.

대화문 1

A 您要解决一下这件事。

Nín yào jiějué yíxià zhè jiàn shì.

이 일에 대해서는 해결을 해주셔야 할 것 같은데요.

B 好的，我一定解决，只是现在太忙。

Hǎo de, wǒ yídìng jiějué, zhǐshì xiànzài tài máng.

알겠습니다. 제가 반드시 해결할게요. 근데 지금 좀 바쁘네요.

A 您什么时候能解决呢？

Nín shénmeshíhou néng jiějué ne?

언제 해결이 가능하신데요?

B 这周内一定解决。

Zhè zhōu nèi yídìng jiějué.

이번 주 내에 반드시 해결할게요.

단어

解决[jiějué] 해결하다　只是[zhǐshì] 단지

대화문 2

A 您要解决一下这件事。

Nín yào jiějué yíxià zhè jiàn shì.

이 일에 대해서는 해결을 해주셔야 할 것 같은데요.

B 好的, 我这周内一定解决, 可以吗?

Hǎo de, wǒ zhè zhōu nèi yídìng jiějué, kěyǐ ma?

알겠습니다. 이번 주 내에 반드시 해결할게요. 괜찮아요?

A 事情比较急, 要快点解决, 明天可以吗?

Shìqíng bǐjiào jí, yào kuài diǎn jiějué, míngtiān kěyǐ ma?

일이 비교적 급해서요. 빨리 해결해주세요. 내일 가능하세요?

B 好的, 我尽量。

Hǎo de, wǒ jǐnliàng.

알겠습니다. 최대한 그러겠습니다.

단어

尽量[jǐnliàng] 가능한 한

Part 3

업무 중

다양한 표현

您一定要解决这件事情。

Nín yídìng yào jiějué zhè jiàn shìqíng.

꼭 이 일을 해결해야 합니다.

我会尽量解决这件事情。

Wǒ huì jǐnliàng jiějué zhè jiàn shìqíng.

저는 최대한 이 일을 해결할 겁니다.

我会想办法尽快解决这件事情。

Wǒ huì xiǎng bànfǎ jǐnkuài jiějué zhè jiàn shìqíng.

저는 최대한 빨리 이 일을 해결할 방법을 찾을 겁니다

이 자료 좀 복사해주실래요?
能帮我复印一下这个资料吗?
Néng bāng wǒ fùyìn yíxià zhège zīliào ma?
넝 빵 워 푸인 이시아 쩌거 쯔리아오 마

복사를 부탁할 때 쓸 수 있는 표현으로 어떤 방식으로 도움을 주는지에 대해 말하는 상황입니다.

 대화문 1

A 能帮我复印一下这个资料吗?
Néng bāng wǒ fùyìn yíxià zhège zīliào ma?
이 자료 좀 복사해주실래요?

B 当然可以, 复印几份呢?
Dāngrán kěyǐ, fùyìn jǐ fèn ne?
당연히 가능하죠. 몇 부 복사해요?

A 每张复印5份。
Měi zhāng fùyìn wǔ fèn.
장당 5부씩이요.

B 好的, 马上给您。
Hǎo de, mǎshàng gěi nín.
알겠습니다. 곧 해서 드리겠습니다.

단어

复印[fùyìn] 복사하다

대화문 2

A 能帮我复印一下这个资料吗?

Néng bāng wǒ fùyìn yíxià zhège zīliào ma?

이 자료 좀 복사해주실래요?

B 您着急用吗? 我写完这个报告给您复印可以吗?

Nín zháojí yòng ma? wǒ xiě wán zhège bàogào gěi nín fùyìn kěyǐ ma?

급하게 필요하신가요? 제가 이 보고서 끝내고 복사해도 될까요?

A 可以, 复印完后, 拿过来给我。

Kěyǐ, fùyìn wán hòu, ná guòlái gěi wǒ.

가능합니다. 복사한 후에 저에게 주세요.

B 好的, 30分钟后给您送过去。

Hǎo de, sānshí fēnzhōng hòu gěi nín sòng guòqù.

알겠습니다. 30분 후에 드리겠습니다.

단어

着急[zháojí] 서두르다

 다양한
표현

请帮我发传真, 好吗?

Qǐng bāng wǒ fā chuánzhēn, hǎo ma ?

팩스 좀 보내주시겠어요?

请给我发邮件, 好吗?

Qǐng gěi wǒ fā yóujiàn, hǎo ma ?

저에게 메일을 보내주시겠어요?

你能替我去一趟客户那儿吗?

Nǐ néng tì wǒ qù yí tàng kèhù nàr ma ?

저를 대신해서 고객이 있는 곳에 가줄 수 있니요?

Part 3

업무 중

Unit 051

일은 할 만하세요?
工作还适应吗?
Gōngzuò hái shìyīng ma?
꽁쭈어 하이 스잉 마

하는 일에 적응이 되었는지 말할 때 쓸 수 있는 표현으로 일상적인 부분에 대해 말하는 상황입니다.

 대화문 1

A 工作还适应吗?
Gōngzuò hái shìyīng ma?
일은 할 만하세요?

B 还可以, 就是需要学习的东西太多。
Hái kěyǐ, jiùshì xūyào xuéxí de dōngxi tài duō.
그런대로요. 그런데 공부해야 할 것들이 많네요.

A 一开始会有点儿累, 过段时间熟悉了就好了。
Yì kāishǐ huì yǒudiǎnr lèi, guò duàn shíjiān shúxīle jiù hǎo le.
시작할 때는 좀 피곤하지만 시간이 지나면 익숙해져서 괜찮을 거예요.

B 是的, 我会努力的。
Shì de, wǒ huì nǔlì de.
맞아요. 저는 노력을 할 겁니다.

단어 适应[shìyīng] 적응하다 需要[xūyào] 필요로 하다 熟悉[shúxī] 익숙하다

A 工作还适应吗?

Gōngzuò hái shìyīng ma?

일은 할 만하세요?

B 挺好的, 就是工作时间太长。

Tǐng hǎo de, jiùshì gōngzuò shíjiān tài cháng.

좋아요. 다만 일하는 시간이 길어서요.

A 加班也多吗?

Jiābān yě duō ma?

야근도 많아요?

B 会有, 但不是很多。

Huì yǒu, dàn búshì hěn duō.

있긴 한데 그렇게 많지는 않아요.

단어 工作[gōngzuò] 일 长[cháng] 길다

你工作很顺利吗?

Nǐ gōngzuò hěn shùnlì ma?

일은 순조로우신가요?

最近工作怎么样啊?

Zuìjìn gōngzuò zěnmeyàng a?

최근 일은 어떠세요?

这段时间忙什么呢?

Zhè duàn shíjiān máng shénme ne?

요즘 뭐가 바쁘세요?

업무 스트레스는 많지만 제 일을 좋아합니다.

虽然有一些工作上的压力,
但是我喜欢我的工作。

Suīrán yǒu yìxiē gōngzuò shàng de yālì,
dànshì wǒ xǐhuan wǒ de gōngzuò.

수이란 여우 이시에 꽁쭈어 샹 더 야리. 딴스 워 시후안 워 더 꽁쭈어

업무 스트레스에 대해 말하는 표현으로 스트레스 관련하여 격려를 해주는 상황입니다.

대화문 1

A 虽然有一些工作上的压力, 但是我喜欢我的工作。

Suīrán yǒu yìxiē gōngzuò shàng de yālì, dànshì wǒ xǐhuan wǒ de gōngzuò.

업무 스트레스는 많지만 제 일을 좋아합니다.

B 每个工作都会有一些压力, 适应就好了。

Měi ge gōngzuò dōu huì yǒu yìxiē yālì, shìyīng jiù hǎo le.

모든 일은 약간의 스트레스가 있는데, 적응하면 되죠.

A 对, 我正在适应中。

Duì, wǒ zhèngzài shìyīng zhōng.

맞아요. 제가 지금 적응 중입니다.

B 我觉得你做得很好。

Wǒ juéde nǐ zuò de hěn hǎo.

제 생각에는 일 잘하시고 계세요.

단어
压力[yālì] 스트레스

A 虽然有一些工作上的压力，但是我喜欢我的工作。

Suīrán yǒu yìxiē gōngzuò shàng de yālì, dànshì wǒ xǐhuan wǒ de gōngzuò.

업무 스트레스는 많지만 제 일을 좋아합니다.

B 我觉得你的工作应该挺有意思。

Wǒ juéde nǐ de gōngzuò yīnggāi tǐng yǒu yìsi.

제 생각에 하시는 일은 분명히 재미있을 거예요.

A 有意思是有意思，就是有时候有点儿累。

Yǒu yìsi shì yǒu yìsi, jiùshì yǒushíhou yǒudiǎnr lèi.

재미있긴 재미있는데 때때로 피곤해요.

B 加油吧，相信你会做得很好。

Jiāyóu ba, xiāngxìn nǐ huì zuò de hěn hǎo.

파이팅하세요. 잘 하실 거라고 믿어요.

단어　累[lèi] 피곤하다　相信[xiāngxìn] 믿다

Part 3

업무 중

다양한
표현

你怎么缓解工作压力呢？

Nǐ zěnme huǎnjiě gōngzuò yālì ne ?

업무 스트레스를 어떻게 해결하세요?

我最近工作压力很大。

Wǒ zuìjìn gōngzuò yālì hěn dà.

저는 최근에 스트레스가 많아요.

我要发泄一下压力。

Wǒ yào fāxiè yíxià yālì.

저는 스트레스를 풀어야겠어요.

Unit 053

보통 몇 시에 출근해서 몇 시에 퇴근하시나요?

一般几点上班，几点下班?

Yìbān jǐ diǎn shàngbān, jǐ diǎn xiàbān?

이빤 지 디엔 샹빤, 지 디엔 시아빤

출퇴근 시간에 물어보는 표현으로 업무에 대해 질문을 주고받는 상황입니다.

 대화문 1

A 一般几点上班，几点下班?

Yìbān jǐ diǎn shàngbān, jǐ diǎn xiàbān?

보통 몇 시에 출근해서 몇 시에 퇴근하시나요?

B 一般上午9点上班，下午5点下班。

Yìbān shàngwǔ jiǔ diǎn shàngbān, xiàwǔ wǔ diǎn xiàbān.

보통 오전 9시에 출근하고, 오후 5시에 퇴근합니다.

A 工作时间还不错。

Gōngzuò shíjiān hái búcuò.

업무 시간이 좋은데요.

B 这就是我喜欢我的工作的原因。

Zhè jiùshì wǒ xǐhuan wǒ de gōngzuò de yuányīn.

이것이 바로 제가 저의 일을 좋아하는 이유입니다.

단어 上班[shàngbān] 출근하다 下班[xiàbān] 퇴근하다 原因[yuányīn] 원인

대화문 2

A 一般几点上班，几点下班?
Yìbān jǐ diǎn shàngbān, jǐ diǎn xiàbān?
보통 몇 시에 출근해서 몇 시에 퇴근하시나요?

B 一般9点上班，下班时间不定。
Yìbān jiǔ diǎn shàngbān, xiàbān shíjiān bú dìng.
보통 9시에 출근하고, 퇴근 시간은 정해져 있지 않아요.

A 有时候会加班吗?
Yǒushíhou huì jiābān ma?
때때로 야근하시겠네요?

B 对，有时候会加班到8点。
Duì, yǒushíhou huì jiābān dào bā diǎn.
맞아요. 때때로 8시까지 야근해요.

단어　有时候[yǒushíhou] 때때로

다양한 표현

你经常加班吗?
Nǐ jīngcháng jiābān ma?
자주 야근하시나요?

你平时几个小时的工作?
Nǐ píngshí jǐ ge xiǎoshí de gōngzuò?
평소에 몇 시간 일하시나요?

我们公司实行弹性工作制了。
Wǒmen gōngsī shíxíng tánxìng gōngzuòzhì le.
우리 회사는 탄력근무제를 시행하고 있습니다.

중국 고객이 많으신가요?
中国客户多吗?
Zhōngguó kèhù duō ma?
쭝구어 커후 뚜어 마

중국 고객이 많은지 물어보는 표현으로 그 이유에 대해 설명하는 상황입니다.

 대화문 1

A 中国客户多吗?
Zhōngguó kèhù duō ma?
중국 고객이 많으신가요?

B 以前比较多, 现在少了。
Yǐqián bǐjiào duō, xiànzài shǎo le.
예전에는 비교적 많았는데, 지금은 적어요.

A 是吗? 为什么呢?
Shì ma? wèishénme ne?
그래요? 왜요?

B 可能是因为萨德的原因吧。
Kěnéng shì yīnwèi sàdé de yuányīn ba.
아마도 사드가 원인일 것 같아요.

단어 客户[kèhù] 고객 萨德[sàdé] 사드

대화문 2

A 中国客户多吗?
Zhōngguó kèhù duō ma?
중국 고객이 많으신가요?

B 挺多的, 下个星期应该会更多。
Tǐng duō de, xià ge xīngqī yīnggāi huì gèng duō.
매우 많아요. 다음 주에는 더 많아질 것 같아요.

A 为什么?
Wèishénme?
왜요?

B 因为下星期是国庆节假期, 来旅游的游客会更多。
Yīnwèi xià xīngqī shì Guóqìngjié jiàqī, lái lǚyóu de yóukè huì gèng duō.
다음 주가 국경절 휴일이라서 여행 오는 여행객들이 많을 거예요.

Part 3 업무 회화

단어 国庆节[guóqìngjié] 국경절 假期[jiàqī] 휴일 游客[yóukè] 여행객

다양한 표현

我们公司有很多中国客户。
Wǒmen gōngsī yǒu hěn duō Zhōngguó kèhù.
우리 회사에는 많은 중국 고객이 있습니다.

你常常跟客户见面吗?
Nǐ chángcháng gēn kèhù jiànmiàn ma?
고객과 자주 만나시나요?

我经常去中国出差。
Wǒ jīngcháng qù Zhōngguó chūchāi.
저는 자주 중국 출장을 갑니다.

Unit 055

자료 준비 잘 되었나요?
资料准备得顺利吗?

Zīliào zhǔnbèi de shùnlì ma?

쯔리아오 준뻬이 더 슌리 마

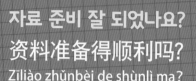

자료 준비가 잘 되었는지 묻는 표현으로 언제 가능한지와 도움이 필요한지 말
하는 상황입니다.

 대화문 1

🅰 **资料准备得顺利吗?**
Zīliào zhǔnbèi de shùnlì ma?
자료 준비 잘 되었나요?

🅱 **还算比较顺利。**
Hái suàn bǐjiào shùnlì.
비교적 순조롭습니다.

🅰 **什么时候能准备完。**
Shénmeshíhou néng zhǔnbèi wán.
언제 준비가 완료되죠?

🅱 **今天晚上应该差不多。**
Jīntiān wǎnshang yīnggāi chàbuduō.
아마도 오늘 저녁에 다 될 것 같습니다.

단어 顺利[shùnlì] 순조롭다　差不多[chàbuduō] 거의 비슷하다

132

A 资料准备得顺利吗?
Zīliào zhǔnbèi de shùnlì ma?
자료 준비 잘 되었나요?

B 出现了一点儿小问题。
Chūxiànle yìdiǎnr xiǎo wèntí.
작은 문제가 나와서요.

A 需要我的帮忙吗?
Xūyào wǒ de bāngmáng ma?
저의 도움이 필요하신가요?

B 那太感谢你了。
Nà tài gǎnxiè nǐ le.
그러면 매우 고맙죠.

단어 帮忙[bāngmáng] 돕다 感谢[gǎnxiè] 감사하다

다양한 표현

还没准备好呢。
Hái méi zhǔnbèi hǎo ne.
아직 준비가 되지 않았습니다.

准备得不顺利。
Zhǔnbèi de bú shùnlì.
준비가 순조롭지 않습니다.

中国出差准备好了吗?
Zhōngguó chūchāi zhǔnbèi hǎo le ma?
중국 출장 준비 잘 됐나요?

Unit 056

출장은 얼마나 자주 가나요?
多长时间出差一次?

Duō cháng shíjiān chūchāi yí cì?

뚜어 창 스지엔 츄차이 이 츠

출장은 자주 가는지 물어보는 표현으로 그 빈도에 대해 말하는 상황입니다.

 대화문 1

A **多长时间出差一次?**

Duō cháng shíjiān chūchāi yí cì?

출장은 얼마나 자주 가나요?

B **一般一个月一次。**

Yìbān yí ge yuè yí cì.

보통 한 달에 한 번 가요.

A **一般一次去几天?**

Yìbān yí cì qù jǐ tiān?

보통 한 번 가면 며칠 가나요?

B **一般5天左右。**

Yìbān wǔ tiān zuǒyòu.

보통 5일 정도요.

단어

出差 [chūchāi] 출장가다

대화문 2

A 多长时间出差一次?
Duō cháng shíjiān chūchāi yí cì?
출장은 얼마나 자주 가나요?

B 忙的时候, 经常去, 不忙的时候, 一个月一次。
Máng de shíhou, jīngcháng qù, bù máng de shíhou, yí ge yuè yí cì.
바쁠 때는 자주 가고, 바쁘지 않을 때는 한 달에 한 번 가요.

A 最近经常去吗?
Zuìjìn jīngcháng qù ma?
최근에 자주 가나요?

B 最近不是很忙, 下个月要去一次。
Zuìjìn búshì hěn máng, xià ge yuè yào qù yí cì.
최근에 바쁘지 않아서 다음 달에 한 번 가야 돼요.

단어

经常[jīngcháng] 자주

다양한
표현

你经常去出差吗?
Nǐ jīngcháng qù chūchāi ma ?
중국 출장을 자주 가나요?

你就是想让我明天替你去上海出差?
Nǐ jiùshì xiǎng ràng wǒ míngtiān tì nǐ qù Shànghǎi chūchāi?
내일 제가 대신 상해 출장을 가라는 말씀이시죠?

我的公司有很多中国客户, 所以经常去中国出差。
Wǒ de gōngsī yǒu hěn duō Zhōngguó kèhù, suǒyǐ jīngcháng qù Zhōngguó chūchāi.
우리 회사는 많은 중국 고객이 있어서 자주 중국 출장을 가요.

Unit 057

出장 결과는 어땠어요?
出差的结果怎样?
Chūchāi de jiéguǒ zěnyàng?
츄차이 더 지에규어 쩐머이양

출장 결과는 어땠는지 물어보는 표현으로 출장 내용에 대해 말하는 상황입니다.

대화문 1

A 出差的结果怎样?
Chūchāi de jiéguǒ zěnyàng?
출장 결과는 어땠어요?

B 已经决定合作了。
Yǐjīng juédìng hézuò le.
이미 합작을 결정했어요.

A 是吗? 什么时候签约?
Shì ma? shénmeshíhou qiānyuē?
그래요? 언제 계약해요?

B 如果顺利的话, 下个星期就能签约。
Rúguǒ shùnlì de huà, xià ge xīngqī jiù néng qiānyuē.
만약에 순조롭다면 다음 주에 계약할 수 있어요.

단어
结果[jiéguǒ] 결과

대화문 2

A 出差的结果怎样?

Chūchāi de jiéguǒ zěnyàng?

출장 결과는 어땠어요?

B 不是特别顺利, 还需要等答复。

Búshì tèbié shùnlì, hái xūyào děng dáfù.

순조롭지가 않아요. 답을 기다려야 할 필요가 있어요.

A 大约什么时间给答复?

Dàyuē shénme shíjiān gěi dáfù ?

대략 언제쯤 답을 준대요?

B 下周五左右。

Xià zhōuwǔ zuǒyòu.

다음 주 금요일 정도요.

단어 答复[dáfù] 회신하다

 다양한 표현

出差的结果如何?

Chūchāi de jiéguǒ rúhé ?

출장 결과는 어떠신가요?

这次出差顺利吧?

Zhècì chūchāi shùnlì ba ?

이번 출장 순조로웠죠?

我希望出差的结果会好的。

Wǒ xīwàng chūchāi de jiéguǒ huì hǎo de.

출장 결과가 좋기를 바랍니다.

야근은 자주 하시나요?
经常加班吗?
Jīngcháng jiābān ma?
징창 지아빤 마

야근을 자주하는지 물어보는 표현으로 야근으로 인해 시간이 없었다고 말하는 상황입니다.

대화문 1

🅰 **经常加班吗?**
Jīngcháng jiābān ma?
야근은 자주 하시나요?

🅱 **对, 一般一星期3次加班。**
Duì, yìbān yì xīngqī sān cì jiābān.
네. 보통 일주일에 3번 야근해요.

🅰 **那工作比较累, 对吗?**
Nà gōngzuò bǐjiào lèi, duì ma?
그러면 일이 피곤하시겠네요. 그렇죠?

🅱 **是的, 工作时间太长, 没有足够的时间休息。**
Shì de, gōngzuò shíjiān tài cháng, méiyou zúgòu de shíjiān xiūxi.
그렇죠. 일하는 시간이 너무 길어서 충분히 쉴 시간이 없어요.

단어 足够[zúgòu] 충분하다

138

대화문 2

A 经常加班吗?

Jīngcháng jiābān ma?

야근은 자주 하시나요?

B 忙的时候经常加班, 最近不太忙。

Máng de shíhou jīngcháng jiābān, zuìjìn bútài máng.

바쁠 때는 자주 야근해요. 최근에는 그다지 바쁘지 않아요.

A 那今天晚上一起出去玩一玩吧。

Nà jīntiān wǎnshang yìqǐ chūqù wányiwán ba.

그러면 오늘 저녁에 같이 놀죠.

B 好啊, 好长时间没好好玩一玩了。

Hǎo a, hǎo cháng shíjiān méi hǎohao wányiwán le.

좋아요. 오랫동안 놀아본 적이 없네요.

단어

玩[wán] 놀다　忙[máng] 바쁘다

今天又得加班。

Jīntiān yòu děi jiābān.

오늘 또 야근해야 돼요.

我这周光加班了。

Wǒ zhè zhōu guāng jiābān le.

저는 이번 주에 야근만 했네요.

今天终于准时下班。

Jīntiān zhōngyú zhǔnshí xiàbān.

오늘 마침내 정시 퇴근이네요.

Part 3

업무 중

Unit 059

스트레스는 어떻게 푸세요?

你怎么缓解压力?

Nǐ zěnme huǎnjiě yālì?

니 쩐머 후안지에 야리

스트레스를 어떻게 푸는지 물어보는 표현으로 그 방법에 대해 말하는 상황입니다.

 대화문 1

A 你怎么缓解压力?
Nǐ zěnme huǎnjiě yālì?
스트레스는 어떻게 푸세요?

B 我一般去爬山或者找朋友聊天儿, 你呢?
Wǒ yìbān qù páshān hòuzhě zhǎo péngyou liáotiānr, nǐ ne?
저는 보통 등산을 하거나, 혹은 친구랑 이야기해요. 당신은요?

A 我一般睡觉。
Wǒ yìbān shuìjiào.
저는 보통 자요.

B 这也是一个不错的减压方法。
Zhè yě shì yí ge búcuò de jiǎnyā fāngfǎ.
그것도 하나의 좋은 스트레스 해소법이죠.

단어
缓解[huǎnjiě] 완화하다 爬山[páshān] 등산하다 或者[hòuzhě] 혹은
睡觉[shuìjiào] 잠자다

A **你怎么缓解压力?**

Nǐ zěnme huǎnjiě yālì?

스트레스는 어떻게 푸세요?

B **我不太会减压, 你能教一教我吗?**

Wǒ bútài huì jiǎnyā, nǐ néng jiāoyijiāo wǒ ma?

저는 그다지 스트레스를 풀지 못해요. 저 좀 알려주시겠어요?

A **有很多种方法, 看你适合哪一种,
比如说爬山, 运动, 找朋友聊天儿。**

Yǒu hěn duō zhǒng fāngfǎ, kàn nǐ shìhé nǎ yì zhǒng,
bǐrú shuō páshān, yùndòng, zhǎo péngyǒu liáotiānr.

많은 방법이 있죠. 어떤 것이 적합한지 보세요. 예를 들어서 등산, 운동,
친구랑 이야기하기 등과 같은 거요.

B **我觉得找朋友聊天儿比较适合我。**

Wǒ juéde zhǎo péngyou liáotiānr bǐjiào shìhé wǒ.

제 생각에는 친구와 만나서 이야기하는 것이 비교적 적합한 것 같아요.

단어　比如[bǐrú] 예를 들면　适合[shìhé] 적합하다

다양한
표현

你怎么减压力的?

Nǐ zěnme jiǎn yālì de?

어떻게 스트레스를 해소하시나요?

你怎么消除工作压力呢?

Nǐ zěnme xiāochú gōngzuò yālì ne?

어떻게 업무 스트레스를 해소하시나요?

你怎么控制你的情绪?

Nǐ zěnme kòngzhì nǐ de qíngxù?

기분을 어떻게 컨트롤 하시나요?

회식은 주로 어디에서 하시나요?
一般在哪儿聚餐?
Yìbān zài nǎr jùcān?

이빤 짜이 날 쥐찬

회식은 어디에서 하는지 물어보는 표현으로 회식 장소에 관해 이야기하는 상
황입니다.

 대화문 1

A 一般在哪儿聚餐?
Yìbān zài nǎr jùcān?
회식은 주로 어디에서 하시나요?

B 一般在烤肉店, 你们公司呢?
Yìbān zài kǎoròudiàn, nǐmen gōngsī ne?
보통 고기집에서 해요. 당신 회사는요?

A 我们一般在炸鸡店。
Wǒmen yìbān zài zhájīdiàn.
저희는 보통 치킨집에서 해요.

B 我觉得炸鸡店比较好。
Wǒ juéde zhájīdiàn bǐjiào hǎo.
치킨집이 비교적 좋은 것 같네요.

단어 聚餐[jùcān] 회식 炸鸡[zhájī] 치킨

142

A 一般在哪儿聚餐?

Yìbān zài nǎr jùcān?

회식은 주로 어디에서 하시나요?

B 一般在我们公司附近的饭店。

Yìbān zài wǒmen gōngsī fùjìn de fàndiàn.

보통 우리 회사 근처의 호텔에서요.

A 我们公司每次会餐都会去不一样的地方。

Wǒmen gōngsī měicì huìcān dōu huì qù bù yíyàng de dìfang.

우리 회사는 매번 회식을 다른 곳에서 해요.

B 我觉得这样会比较有意思。

Wǒ juéde zhèyàng huì bǐjiào yǒu yìsi.

그런 방식이 재미있을 것 같네요.

단어 附近[fùjìn] 근처　一样[yíyàng] 같다

 다양한 표현

我们什么时候会餐?

Wǒmen shénmeshíhou huìcān?

우리 언제 회식하나요?

昨天晚上的聚会真热闹。

Zuótiān wǎnshang de jùhuì zhēn rènào.

어제저녁의 회식은 정말 왁자지껄했습니다.

聚会的时间和地点定好了。

Jùhuì de shíjiān hé dìdiǎn dìng hǎo le.

회식의 시간과 장소는 정했습니다.

Unit 041 회의 시간이 바뀌었네요.
开会时间变了。
Kāihuì shíjiān biàn le.

Unit 042 지금 회의 중인데 누구시죠?
现在正在开会, 您是哪位?
Xiànzài zhèngzài kāihuì, nín shì nǎ wèi?

Unit 043 돌아오면 연락하라고 하겠습니다.
他回来, 我让他联系您。
Tā huílái, wǒ ràng tā liánxì nín.

Unit 044 죄송한데 이메일 주소 좀 알려주시겠어요?
不好意思, 能说一下您的邮箱地址吗?
Bùhǎoyìsi, néng shuō yíxià nín de yóuxiāng dìzhǐ ma?

Unit 045 제가 문자 드릴게요.
我给您发短信。
Wǒ gěi nín fā duǎnxìn.

Unit 046 지금 밖인데 회사에 들어가서 다시 연락드릴게요.
现在在外边, 回公司后再联系您。
Xiànzài zài wàibian, huí gōngsī hòu zài liánxì nín.

Unit 047 오늘까지 마무리 지어야 돼요.
今天要全部完成。
Jīntiān yào quánbù wánchéng.

Unit 048 혹시 시간되면 도와줄 수 있나요?
有时间的时候, 可以帮我一下吗?
Yǒu shíjiān de shíhou, kěyǐ bāng wǒ yíxià ma?

Unit 049 이 일에 대해서는 해결을 해주셔야 할 것 같은데요.
您要解决一下这件事。
Nín yào jiějué yíxià zhè jiàn shì.

Unit 050 이 자료 좀 복사해주실래요?
能帮我复印一下这个资料吗?
Néng bāng wǒ fùyìn yíxià zhège zīliào ma?

Unit 051 일은 할 만하세요?
工作还适应吗?
Gōngzuò hái shìyīng ma?

Unit 052 업무 스트레스는 많지만 제 일을 좋아합니다.
虽然有一些工作上的压力, 但是我喜欢我的工作。
Suīrán yǒu yìxiē gōngzuò shàng de yālì, dànshì wǒ xǐhuan wǒ de gōngzuò.

Unit 053 보통 몇 시에 출근해서 몇 시에 퇴근하시나요?
一般几点上班, 几点下班?
Yìbān jǐ diǎn shàngbān, jǐ diǎn xiàbān?

Unit 054 중국 고객이 많으신가요?
中国客户多吗?
Zhōngguó kèhù duō ma?

Unit 055 자료 준비 잘 되었나요?
资料准备得顺利吗?
Zīliào zhǔnbèi de shùnlì ma?

Unit 056 출장은 얼마나 자주 가나요?
多长时间出差一次?
Duō cháng shíjiān chūchāi yí cì?

Unit 057 출장 결과는 어땠어요?
出差的结果怎样?
Chūchāi de jiéguǒ zěnyàng?

Unit 058 야근은 자주 하시나요?
经常加班吗?
Jīngcháng jiābān ma?

Unit 059 스트레스는 어떻게 푸세요?
你怎么缓解压力?
Nǐ zěnme huǎnjiě yālì?

Unit 060 회식은 주로 어디에서 하시나요?
一般在哪儿聚餐?
Yìbān zài nǎr jùcān?

고객과 소통 시 꼭 기억해야 할 표현

메이원티(没问题, 문제없다)
'문제가 없다'고 하는 것은 매우 개인적이고 주관적인 대답입니다. 시간이 지나면 문제가 될 수도 있고 안 될 수도 있는데, 문제가 있다고 해서 자신의 책임은 아니라는 의미를 가지고 있습니다.

마샹(马上, 곧)
马上의 유래는 고대의 한 장수가 말을 타고 있을 때 황제의 병세가 위중하다는 소식을 듣고 말을 내리지 않고 바로 수도로 곧장 달려갔다는 이야기가 퍼지면서 사람들은 马上이라는 단어를 '곧, 즉시'라는 의미로 사용하게 되었다고 합니다. 또 다른 유래로는, 고대에 말은 제일 빠른 교통수단이었습니다. '말에 올라타 있다'는 것은 준비를 잘했다는 의미를 갖고 있었고, '곧, 즉시'라는 의미를 갖게 되었다고 합니다. 중국과 협업을 할 때 언제 마무리 되는지에 대한 대답이 马上이었는데, 며칠이 지나도 답이 없어 다시 물어보니 역시나 대답은 马上이었습니다. 즉, 马上이라는 단어는 상황에 따라, 상대방의 입장에 따라 바로 될 수도 있고 며칠의 시간이 필요할 수도 있는 것입니다.

메이팡파(没方法, 방법이 없다)
중국에서 가장 많이 듣는 말 중에 하나일 것입니다.
일을 진행하다가도 '메이팡파'라고 하면 프로젝트는 바로 마무리됩니다. 결국은 책임을 회피하는 말일 수도 있는데, 방법이 없어서 나도 어쩔 수 없다는 것은 곧 결국 내 책임은 아니다라는 의미일 것입니다.

사실 중국에서 '메이팡파'라는 이야기를 듣는 그때부터가 시작일 수
도 있습니다. 중국에서는 되는 것도 없지만 안 되는 것도 없기 때
문입니다.

메이꾸완시(没关系, 괜찮다)

직역을 하면 '관계가 없다'라는 뜻이지만, '괜찮다'라는 의미입니다.
중국인들은 상대방에게 쉽게 자기 감정을 드러내지 않습니다.
문화대혁명 시기의 시대적인 사건도 중국인들의 이런 모습에 일조했
다는 것을 부정할 수는 없습니다.
그 시절에는 말만 잘못해도 잡혀가거나 목숨을 잃을 수도 있기 때문
이었습니다. 그래서 우리가 중국인들과 같이 일을 할 때는 그 말이
가지고 있는 진정한 의미를 알아야 소통을 할 수 있습니다.

Part

4

출장 중

출장 중에 업무 외적인 상황에 직면할 때가 많습니다.
현지에서 대중교통을 이용하는 일, 호텔을 이용하는 등 업무 외적인 부분에서
필요한 표현을 익힐 필요가 있습니다.

061 어떤 항공편이죠?

062 창가 쪽 자리로 주실 수 있나요?

063 다른 것 더 필요하신 게 있나요?

064 기사님, 트렁크 좀 열어주시겠어요?

065 기사님, 거기까지 얼마나 걸리나요?

066 영수증 좀 주시겠어요?

067 제 것은 큰돈인데 혹시 잔돈 있으세요?

068 제가 유심칩을 사려고 하는데요.

069 제가 예약한 방에 조식 포함되나요?

070 방에 인터넷 되나요?

071 방 카드를 잃어버렸는데 어떡하죠?

072 이 근처에 갈 만한 곳이 있나요?

073 어디에서 마사지 받을 수 있을까요?

074 제가 이 짐을 여기에 좀 맡겨도 될까요?

075 체크아웃하려고 합니다. 이것은 제 룸 카드입니다.

076 제가 하루 더 방을 연장해도 될까요?

077 보증금은 취소 처리가 되었지요?

078 체크아웃할 때 같이 계산해주세요.

079 제가 방에 짐을 두고 온 것 같아요.

080 공항까지 가려면 어떻게 해야 할까요?

어떤 항공편이죠?
是哪个航班?
Shì nǎge hángbān?
스 나거 항빤

항공편을 물어보는 표현으로 항공편과 시간에 대해 말하는 상황입니다.

대화문 1

A 是哪个航班?
Shì nǎge hángbān?
어떤 항공편이죠?

B 中国东方航空。
Zhōngguó Dōngfāng hángkōng.
중국 동방항공편이요.

A 这个航班怎样?
Zhège hángbān zěnyàng?
이 항공편은 어때요?

B 正点起飞，服务也不错。
Zhèngdiǎn qǐfēi, fúwù yě búcuò.
정시에 이륙하고, 서비스도 좋아요.

단어
航班[hángbān] 항공편　正点[zhèngdiǎn] 정시　起飞[qǐfēi] 이륙하다
服务[fúwù] 서비스

대화문 2

A 是哪个航班?
Shì nǎge hángbān?
어떤 항공편이죠?

B 济州航空3101。
Jìzhōu hángkōng sān yāo líng yāo.
제주도항공 3101편이요.

A 明天下午3点的吗?
Míngtiān xiàwǔ sān diǎn de ma?
내일 오후 3시죠?

B 是的, 韩国时间5点到。
Shì de, Hánguó shíjiān wǔ diǎn dào.
네. 한국 시간 5시에 도착해요.

단어

济州 [jìzhōu] 제주

다양한 표현

您要坐哪个航空公司的?
Nín yào zuò nǎge hángkōng gōngsī de ?
어떤 항공편으로 가시나요?

什么时候可以登记?
Shénmeshíhou kěyǐ dēngjì ?
언제 체크인할 수 있죠?

我们的飞机马上要起飞了。
Wǒmen de fēijī mǎshàng yào qǐfēi le.
우리 비행기가 곧 이륙하려고 합니다.

창가 쪽 자리로 주실 수 있나요?
能给我安排靠窗的座位吗?
Néng gěi wǒ ānpái kàochuāng de zuòwèi ma?
넝 게이 워 안파이 카오추앙 더 쭈어웨이 마

원하는 자리로 달라고 이야기하는 표현으로 창가나 복도 쪽 자리를 말할 때 쓸 수 있는 상황입니다.

 대화문 1

A 能给我安排靠窗的座位吗?
Néng gěi wǒ ānpái kàochuāng de zuòwèi ma?
창가 쪽 자리로 주실 수 있나요?

B 好的, 你一位对吗?
Hǎo de, nǐ yí wèi duì ma?
알겠습니다. 한 분이신가요?

A 是的。
Shì de.
네.

B 已经给您定好了。
Yǐjīng gěi nín dìng hǎo le.
그렇게 해드렸습니다.

단어
安排[ānpái] 안배하다　座位[zuòwèi] 자리

A 能给我安排靠窗的座位吗?
Néng gěi wǒ ānpái kàochuāng de zuòwèi ma?
창가 쪽 자리로 주실 수 있나요?

B 不好意思, 靠窗的座位已经没有了。
Bùhǎoyìsi, kàochuāng de zuòwèi yǐjīng méiyou le.
죄송한데, 창가 쪽 자리는 없습니다.

A 那好吧, 靠走廊的有吗?
Nà hǎo ba, kào zǒuláng de yǒu ma?
그러면 알겠습니다. 복도 쪽 자리는 있나요?

B 我帮您看一下。
Wǒ bāng nín kàn yíxià.
제가 좀 볼게요.

단어
走廊 [zǒuláng] 복도

麻烦你能给我靠窗户的座位吗?
Máfan nǐ néng gěi wǒ kào chuānghu de zuòwèi ma ?
창가 쪽 자리로 줄 수 있나요?

那你能不能给我靠前的座位呢?
Nà nǐ néngbunéng gěi wǒ kào qián de zuòwèi ne ?
그러면 앞쪽 자리로 줄 수 있나요?

现在只有靠过道的。
Xiànzài zhǐyǒu kào guòdào de.
지금 복도 쪽 자리만 있습니다.

다른 것 더 필요하신 게 있나요?
还有其他需要的吗?
Háiyǒu qítā xūyào de ma?
하이여우 치타 쉬이야오 더 마

더 필요한 물건이 있는지 물어보는 상황입니다.

 대화문 1

A 还有其他需要的吗?
Háiyǒu qítā xūyào de ma?
다른 것 더 필요하신 게 있나요?

B 请给我一杯冰水。
Qǐng gěi wǒ yì bēi bīngshuǐ.
얼음물 한 잔 주세요.

A 好的, 您稍等, 还有需要的吗?
Hǎo de, nín shāoděng, háiyǒu xūyào de ma?
알겠습니다. 잠시만 기다리세요. 또 필요하신 것이 있나요?

B 没有了, 谢谢。
Méiyou le, xièxie.
없습니다. 감사합니다.

단어 其他[qítā] 다른 것 冰水[bīngshuǐ] 얼음물

대화문 2

A 还有其他需要的吗?

Háiyǒu qítā xūyào de ma?

다른 것 더 필요하신 게 있나요?

B 有点冷, 能给我一个毯子吗?

Yǒudiǎn lěng, néng gěi wǒ yí ge tǎnzi ma?

좀 추운데, 담요 하나만 주시겠어요?

A 您稍等一下, 我帮您拿。

Nín shāoděng yíxià, wǒ bāng nín ná.

잠시만 기다리세요. 갖다 드릴게요.

B 好的, 谢谢你。

Hǎo de, xièxie nǐ.

알겠습니다. 감사합니다.

단어

冷[lěng] 춥다   毯子[tǎnzi] 담요

다양한 표현

麻烦你给我一张毛毯, 好吗?

Máfan nǐ gěi wǒ yì zhāng máotǎn, hǎo ma?

담요 한 장 주실 수 있나요?

您还需要别的吗?

Nín hái xūyào bié de ma?

또 필요한 것이 있나요?

没有别的, 就这样。

Méiyou bié de, jiù zhèyàng.

다른 것은 없습니다. 이 정도입니다.

Part 4 충전소

Unit 064

기사님, 트렁크 좀 열어주시겠어요?
师傅, 您能开一下后备箱吗?

Shīfu, nín néng kāi yíxià hòubèixiāng ma?

스푸, 닌 넝 카이 이시아 호우뻬이시앙 마

택시에서 트렁크를 열어달라고 말하는 표현으로 짐 관련으로 주고받는 상황
입니다.

 대화문 1

A 师傅, 您能开一下后备箱吗?

Shīfu, nín néng kāi yíxià hòubèixiāng ma?

기사님, 트렁크 좀 열어주시겠어요?

B 好的, 您有几个行李?

Hǎo de, nín yǒu jǐ ge xíngli?

알겠습니다. 짐이 몇 개죠?

A 两个, 但不是很大。

Liǎng ge, dàn búshì hěn dà.

두 개요. 그런데 크지 않아요.

B 好的, 我帮您放。

Hǎo de, wǒ bāng nín fàng.

알겠습니다. 넣어 드릴게요.

단어

后备箱[hòubèixiāng] 트렁크 行李[xíngli] 짐

156

대화문 2

A 师傅，您能开一下后备箱吗?

Shīfu, nín néng kāi yíxià hòubèixiāng ma?

기사님, 트렁크 좀 열어주시겠어요?

B 好的，您的行李重吗? 我帮您吧。

Hǎo de, nín de xíngli zhòng ma? wǒ bāng nín ba.

알겠습니다. 짐이 무겁나요? 제가 도와드릴게요.

A 谢谢您。

Xièxie nín.

감사합니다.

B 不客气，还有其他的行李吗?

Búkèqì, háiyǒu qítā de xíngli ma?

별말씀을요. 또 다른 짐이 있나요?

단어

重[zhòng] 무겁다

다양한
표현

请把行李放进去。

Qǐng bǎ xíngli fàng jìnqù.

짐을 안으로 넣어주세요.

请打开一下后备箱。

Qǐng dǎkāi yíxià hòubèixiāng.

트렁크를 열어주세요.

麻烦您给我打开后备箱，好吗?

Máfan nín gěi wǒ dǎkāi hòubèixiāng, hǎo ma?

트렁크 열어주시겠어요?

Part 4

출장 중

기사님, 거기까지 얼마나 걸리나요?
师傅, 到那儿要多长时间?
Shīfu, dào nàr yào duō cháng shíjiān?
스푸, 따오 쩔 이야오 뚜어 창 스지엔

시간이 얼마나 걸리는지 물어보는 표현으로 교통 상황과 관련해서 이야기하는 상황입니다.

 대화문 1

A 师傅, 到那儿要多长时间?
Shīfu, dào nàr yào duō cháng shíjiān?
기사님, 거기까지 얼마나 걸리나요?

B 如果不堵车, 大约30分钟。
Rúguǒ bù dǔchē, dàyuē sānshí fēnzhōng.
만약에 막히지 않으면 대략 30분 정도요.

A 好的, 现在这个时间段会堵车吗?
Hǎo de, xiànzài zhège shíjiānduàn huì dǔchē ma?
알겠습니다. 지금 이 시간대에 차가 막히나요?

B 应该有一点堵。
Yīnggāi yǒu yìdiǎn dǔ.
아마도 좀 막힐 것 같습니다.

단어
堵车 [dǔchē] 차가 막히다

158

대화문 2

A 师傅，到那儿要多长时间?
Shīfu, dào nàr yào duō cháng shíjiān?
기사님, 거기까지 얼마나 걸리나요?

B 现在这个时间段，车会有一些堵，大约一个小时。
Xiànzài zhège shíjiānduàn, chē huì yǒu yìxiē dǔ, dàyuē yí ge xiǎoshí.
지금 이 시간대에 차가 좀 막힐 겁니다. 대략 1시간 정도요.

A 好的，现在出发吧。
Hǎo de, xiànzài chūfā ba.
알겠습니다. 지금 출발하죠.

B 好的。
Hǎo de.
알겠습니다.

단어
出发 [chūfā] 출발하다

다양한
표현

您按导航走吧。
Nín àn dǎoháng zǒu ba.
네비게이션에 맞춰서 가요.

今天怎么这么堵?
Jīntiān zěnme zhème dǔ?
오늘 왜 이렇게 막히죠?

请往最近的路。
Qǐng wǎngzuì jìn de lù.
가장 가까운 길로 가주세요.

영수증 좀 주시겠어요?

能给我发票吗?

Néng gěi wǒ fāpiào ma?

넝 게이 워 파피아오 마

물건을 사고 영수증을 달라는 표현으로 영수증을 주고받을 때 말하는 상황입니다.

대화문 1

A 能给我发票吗?

Néng gěi wǒ fāpiào ma?

영수증 좀 주시겠어요?

B 可以的, 需要现金发票吗?

Kěyǐ de, xūyào xiànjīn fāpiào ma?

가능합니다. 현금 영수증이 필요하죠?

A 不需要, 一般发票就可以。

Bù xūyào, yìbān fāpiào jiù kěyǐ.

아니요, 일반 영수증도 가능합니다.

B 好的, 给您。

Hǎo de, gěi nín.

알겠습니다. 여기 있습니다.

단어

发票[fāpiào] 영수증 现金[xiànjīn] 현금

대화문 2

A 能给我发票吗?

Néng gěi wǒ fāpiào ma?

영수증 좀 주시겠어요?

B 可以的, 您稍等一下, 您说的是一般发票对吗?

Kěyǐ de, nín shāoděng yíxià, nín shuō de shì yìbān fāpiào duì ma?

가능합니다. 잠시만 기다리세요. 말씀하시는 것이 일반 영수증 맞나요?

A 我需要现金发票。

Wǒ xūyào xiànjīn fāpiào.

저는 현금 영수증이 필요합니다.

B 好的, 马上给您。

Hǎo de, mǎshàng gěi nín.

알겠습니다. 바로 드리겠습니다.

단어 稍等 [shāoděng] 잠시 기다리다

 다양한 표현

您要报销是吧?

Nín yào bàoxiāo shì ba ?

청구하실 거죠?

请给我开张发票。

Qǐng gěi wǒ kāi zhāng fāpiào.

영수증 발행해주세요.

我给你发收据, 可以吗?

Wǒ gěi nǐ fā shōujù, kěyǐ ma ?

수기 영수증 발행도 가능한가요?

Unit 067

제 것은 큰돈인데 혹시 잔돈 있으세요?

我的钱比较大, 有零钱吗?

Wǒ de qián bǐjiào dà, yǒu língqián ma?

워 더 치엔 비지아오 따, 여우 링치엔 마

잔돈을 바꿀 때 쓸 수 있는 표현으로 소액의 물건을 사는데 큰 액수의 지폐만 있을 때의 상황입니다.

 대화문 1

🄰 **我的钱比较大, 有零钱吗?**
Wǒ de qián bǐjiào dà, yǒu língqián ma?
제 것은 큰돈인데 혹시 잔돈 있으세요?

🄱 **不好意思, 我也没有零钱。**
Bùhǎoyìsi, wǒ yě méiyou língqián.
죄송한데, 저도 잔돈이 없네요.

🄰 **好的, 那就刷卡吧。**
Hǎo de, nà jiù shuā kǎ ba.
알겠습니다. 그럼 카드 긁을게요.

🄱 **好的, 请把您的卡给我。**
Hǎo de, qǐng bǎ nín de kǎ gěi wǒ.
알겠습니다. 카드 주세요.

단어 零钱[língqián] 잔돈 刷[shuā] (솔 같은 것으로) 긁다

162

A 我的钱比较大, 有零钱吗?

Wǒ de qián bǐjiào dà, yǒu língqián ma?

제 것은 큰돈인데 혹시 잔돈 있으세요?

B 有, 您给我, 我给您找。

Yǒu, nín gěi wǒ, wǒ gěi nín zhǎo.

있어요. 주세요, 거스름돈 드릴게요.

A 太谢谢你了。

Tài xièxie nǐ le.

정말 감사합니다.

B 不客气, 找您的钱, 请收好。

Búkèqi, zhǎo nín de qián, qǐng shōu hǎo.

별말씀을요. 거슬러드린 돈 확인하세요.

단어 找[zhǎo] 거슬러 주다

Part 4 중전어

零钱不够。

Língqián bú gòu.

잔돈이 부족합니다.

没有零钱吗?

Méiyou língqián ma?

잔돈 없나요?

一白块钱找得开吗?

Yì bǎi kuài qián zhǎodekāi ma?

백 위안 거슬러 줄 수 있나요?

Unit 068

제가 유심칩을 사려고 하는데요.

我想买手机卡。

Wǒ xiǎng mǎi shǒujī kǎ.

워 시앙 마이 쇼우지 카

유심칩을 살 때 사용하는 표현으로 그에 대한 여러 가지 정보에 관해 말하는 상황입니다.

 대화문 1

A 我想买手机卡。

Wǒ xiǎng mǎi shǒujī kǎ.

제가 유심칩을 사려고 하는데요.

B 我们有各种套餐，您选一下吧。

Wǒmen yǒu gèzhǒng tàocān, nín xuǎn yíxià ba.

저희에겐 많은 세트들이 있습니다. 골라 보세요.

A 我就买这个一个月50元的吧。

Wǒ jiù mǎi zhège yí ge yuè wǔshí yuán de ba.

저 한 달에 50위안짜리로 살게요.

B 好的，您选一下喜欢的号码。

Hǎo de, nín xuǎn yíxià xǐhuan de hàomǎ.

알겠습니다. 좋아하는 번호를 고르세요.

단어 各种[gèzhǒng] 각종　套餐[tàocān] 세트

A 我想买手机卡。

Wǒ xiǎng mǎi shǒujī kǎ.

제가 유심칩을 사려고 하는데요.

B 好的, 您打电话比较多还是流量用得比较多?

Hǎo de, nín dǎ diànhuà bǐjiào duō háishi liúliàng yòng de bǐjiàoduō?

알겠습니다. 전화를 자주 하시나요 아니면 데이터를 많이 사용하시나요?

A 都比较多。

Dōu bǐjiào duō.

모두 많이 사용해요.

B 那我推荐您用这个100元的套餐。

Nà wǒ tuījiàn nín yòng zhège yì bǎi yuán de tàocān.

그러면 100위안짜리 세트를 사용하시는 것을 추천 드립니다.

단어 流量[liúliàng] 데이터 推荐[tuījiàn] 추천하다

다양한 표현

我要流量。

Wǒ yào liúliàng.

저는 데이터를 원합니다.

我想办一张手机卡。

Wǒ xiǎng bàn yì zhāng shǒujī kǎ.

저는 유심카드를 만들고 싶습니다.

里面有多少流量呢?

Lǐmiàn yǒu duōshao liúliàng ne?

데이터가 얼마나 있나요?

제가 예약한 방에 조식 포함되나요?

我预约的房间有早餐吗?

Wǒ yùyuē de fángjiān yǒu zǎocān ma?

워 위위에 더 팡지엔 여우 짜오찬 마

예약한 숙소에 아침 식사가 포함되는지 물어보는 표현으로, 그에 대한 이야기를 나누는 상황입니다.

 대화문 1

A 我预约的房间有早餐吗?

Wǒ yùyuē de fángjiān yǒu zǎocān ma?

제가 예약한 방에 조식 포함되나요?

B 请等一下, 我帮您确定一下。

Qǐng děng yíxià, wǒ bāng nín quèdìng yíxià.

기다려주세요. 제가 확인할게요.

A 好的, 谢谢。

Hǎo de, xièxie.

알겠습니다. 고맙습니다.

B 我确认了一下, 有早餐。

Wǒ quèrènle yíxià, yǒu zǎocān.

제가 확인했는데 조식이 포함이 되었네요.

단어 预约[yùyuē] 예약하다 早餐[zǎocān] 아침 식사

A 我预约的房间有早餐吗?
Wǒ yùyuē de fángjiān yǒu zǎocān ma?
제가 예약한 방에 조식 포함되나요?

B 我确认了一下, 没有早餐。
Wǒ quèrènle yíxià, méiyou zǎocān.
제가 확인을 했는데 조식이 포함되지 않았네요.

A 现在可以加早餐吗?
Xiànzài kěyǐ jiā zǎocān ma?
지금 조식을 추가할 수 있나요?

B 可以的, 您需要多付100块。
Kěyǐ de, nín xūyào duō fù yì bǎi kuài.
가능합니다. 100위안을 더 지불하시면 됩니다.

Part 4
출장 중

단어

加[jiā] 더하다, 추가하다   付[fù] 지불하다

다양한
표현

包括早餐吗?
Bāokuò zǎocān ma?
아침 식사 포함인가요?

您的餐券给我一下。
Nín de cānquàn gěi wǒ yíxià.
식권을 저에게 주세요.

我的餐券好像丢了, 怎么办?
Wǒ de cānquàn hǎoxiàng diū le, zěnme bàn?
식권을 잃어버린 것 같은데 어떻게 하죠?

Unit 070

방에 인터넷 되나요?
房间里可以上网吗?
Fángjiān li kěyǐ shàngwǎng ma?
팡지엔 리 커이 샹왕 마

방에 인터넷이 되는지 물어보는 표현으로 인터넷 접속에 대한 방법을 말하는 상황입니다.

 대화문 1

A 房间里可以上网吗?
Fángjiān li kěyǐ shàngwǎng ma?
방에 인터넷 되나요?

B 不可以上网，您可以开通一下无线服务。
Bù kěyǐ shàngwǎng, nín kěyǐ kāitōng yíxià wúxiàn fúwù.
인터넷이 안됩니다. 무선 서비스를 개통하실 수 있습니다.

A 多少钱?
Duōshao qián?
얼마죠?

B 50块。
Wǔshí kuài.
50위안입니다.

단어

上网[shàngwǎng] 인터넷하다　开通[kāitōng] 개통하다

대화문 2

A 房间里可以上网吗?
Fángjiān li kěyǐ shàngwǎng ma?
방에 인터넷 되나요?

B 可以, 这是无线网的密码。
Kěyǐ, zhè shì wúxiànwǎng de mìmǎ.
가능합니다. 이것은 와이파이 비밀번호입니다.

A 登录一下就可以吗?
Dēnglù yíxià jiù kěyǐ ma?
등록하면 바로 가능한가요?

B 是的。
Shì de.
맞습니다.

Part 4 숙소 주소

단어
密码[mìmǎ] 비밀번호   登录[dēnglù] 등록하다

 다양한 표현

这样信号会不会好点儿?
Zhèyàng xìnhào huìbúhuì hǎo diǎnr?
이렇게 하면 신호가 좀 좋아질 수 있을까요?

WiFi信号不太好。
WiFi xìnhào bútài hǎo.
WiFi 신호가 좋지 않습니다.

这里有无线网络吗?
Zhèli yǒu wúxiàn wǎngluò ma?
이곳에 무선와이파이가 되나요?

Unit 071

방 카드를 잃어버렸는데 어떡하죠?

我丢了房卡, 怎么办?

Wǒ diūle fángkǎ, zěnmebàn?

워 띠우러 팡카, 쩐머빤

방 카드를 잃어버렸을 때 쓰는 표현으로 그것을 해결하기 위해 이야기하는 상황입니다.

 대화문 1

A 我丢了房卡, 怎么办?

Wǒ diūle fángkǎ, zěnmebàn?

방 카드를 잃어버렸는데 어떡하죠?

B 您需要在这里补一个房卡。

Nín xūyào zài zhèli bǔ yí ge fángkǎ.

여분의 방 카드가 필요하십니다.

A 好的, 需要多少钱?

Hǎo de, xūyào duōshao qián?

알겠습니다. 얼마가 필요하죠?

B 100块。

Yì bǎi kuài.

100위안입니다.

단어

丢[diū] 잃어버리다   补[bǔ] 보충하다, 채우다

대화문 2

A 我丢了房卡, 怎么办?
Wǒ diūle fángkǎ, zěnmebàn?
방 카드를 잃어버렸는데 어떡하죠?

B 您刚才去哪里了?
Nín gāngcái qù nǎlǐ le?
방금 어디 갔었죠?

A 我去了一趟一楼, 吃早餐回来后, 就找不到了。
Wǒ qùle yí tàng yì lóu, chī zǎocān huílái hòu, jiù zhǎobudào le.
1층에 다녀왔어요. 밥 먹고 돌아온 뒤에 찾지 못했어요.

B 请稍等, 我们帮您找一下。
Qǐng shāoděng, wǒmen bāng nín zhǎo yíxià.
잠시만 기다리세요. 제가 찾아볼게요.

단어 趟[tàng] 번, 차례

这是您的房卡, 请拿好。
Zhè shì nín de fángkǎ, qǐng ná hǎo.
이것은 방 카드인데, 받으세요.

请您把房卡给我, 我来确认一下。
Qǐng nín bǎ fángkǎ gěi wǒ, wǒ lái quèrèn yíxià.
방 카드를 저에게 주시면 제가 확인할게요.

这张房卡好像出了点儿问题, 门打不开。
Zhè zhāng fángkǎ hǎoxiàng chūle diǎnr wèntí, mén dǎbukāi.
이 방 카드는 문제가 있는 것 같아요. 문이 열리지 않아요.

171

이 근처에 갈 만한 곳이 있나요?
这附近有值得去的地方吗?
Zhè fùjìn yǒu zhídé qù de dìfang ma?
쩌 푸진 여우 즈더 취 더 띠팡 마

근처에 가볼 만한 곳이 있는지 물어보는 표현으로 갈 만한 장소를 추천해주
는 상황입니다.

 대화문 1

A 这附近有值得去的地方吗?
Zhè fùjìn yǒu zhídé qù de dìfang ma?
이 근처에 갈 만한 곳이 있나요?

B 附近有一个商场, 你可以去逛逛。
Fùjìn yǒu yí ge shāngchǎng, nǐ kěyǐ qù guàngguang.
근처에 백화점이 하나 있어요. 둘러보실 수 있습니다.

A 逛商场太累了, 还有其他好玩的地方吗?
Guàng shāngchǎng tài lèi le, háiyǒu qítā hǎo wán de dìfang ma?
백화점을 둘러보는 것은 너무 피곤해서요. 다른 놀 만한 곳이 있나요?

B 这附近还有一个博物馆。
Zhè fùjìn háiyǒu yí ge bówùguǎn.
이 근처에 박물관이 하나 있습니다.

단어

值得[zhídé] ~할 만한 가치가 있다.　商场[shāngchǎng] 백화점
逛[guàng] 거닐다, 놀러 다니다　博物馆[bówùguǎn] 박물관

A 这附近有值得去的地方吗?
Zhè fùjìn yǒu zhídé qù de dìfang ma?
이 근처에 갈 만한 곳이 있나요?

B 这附近有很多好玩的地方, 你喜欢什么样的地方?
Zhè fùjìn yǒu hěn duō hǎo wán de dìfang, nǐ xǐhuan shénmeyàng de dìfang?
이 근처에는 놀 만한 곳이 많아요. 어떤 곳을 좋아하시나요?

A 我比较喜欢有安静有漂亮的地方。
Wǒbǐjiào xǐhuan you ānjìng yǒu piàoliang de dìfang.
저는 비교적 조용하고 아름다운 풍경이 있는 곳을 좋아합니다.

B 那就去附近的山看看吧, 山上的枫叶很漂亮。
Nà jiù qù fùjìn de shān kànkan ba, shānshàng de fēngyè hěn piàoliang.
그러면 근처의 산에 가보세요. 산 위의 단풍이 아름다워요.

단어 安静[ānjìng] 조용하다　风景[fēngjǐng] 풍경　枫叶[fēngyè] 단풍잎

这附近有可去的地方吗?
Zhè fùjìn yǒu kě qù de dìfang ma?
이 근처에 갈 만한 곳이 있나요?

这附近没有什么可去的地方。
Zhè fùjìn méiyou shénme kě qù de dìfang.
이 근처에는 갈 만한 곳이 없습니다.

中国的名胜古迹多得很。
Zhōngguó de míngshènggǔjì duō de hěn.
중국의 명승고적은 많습니다.

Part 4 중국어

Unit 073

어디에서 마사지 받을 수 있을까요?
去哪里能做按摩呢?
Qù nǎlǐ néng zuò ànmó ne?
취 나리 넝 쭈어 안모 너

어디에서 마사지를 받을 수 있는지 물어보는 표현으로 가는 방법을 안내하는
상황입니다.

 대화문 1

A 去哪里能做按摩呢?
Qù nǎlǐ néng zuò ànmó ne?
어디에서 마사지 받을 수 있을까요?

B 这附近的按摩店不太好, 你可以去这里。
Zhè fùjìn de ànmódiàn bútài hǎo, nǐ kěyǐ qù zhèli.
이 근처의 마사지숍이 매우 좋아요. 이곳에 가보세요.

A 离这里远吗?
Lí zhèli yuǎn ma?
여기에서 먼가요?

B 打车大约30分钟。
Dǎchē dàyuē sānshí fēnzhōng.
택시 타고 약 30분 정도요.

단어 按摩[ànmó] 안마 远[yuǎn] 멀다

174

A 去哪里能做按摩呢?
Qù nǎlǐ néng zuò ànmó ne?
어디에서 마사지 받을 수 있을까요?

B 在这附近有一个很有名的按摩店。
Zài zhè fùjìn yǒu yí ge hěn yǒumíng de ànmódiàn.
이 근처에 유명한 마사지숍이 있어요.

A 能告诉我怎么去吗?
Néng gàosu wǒ zěnme qù ma?
어떻게 가는지 알려줄 수 있나요?

B 打车很快就到。
Dǎchē hěn kuài jiù dào.
택시 타면 금방 도착합니다.

단어

有名[yǒumíng] 유명하다

다양한 표현

我要多加一小时按摩。
Wǒ yào duō jiā yì xiǎoshí ànmó.
1시간 더 추가로 마사지 받을게요.

有点儿疼, 请轻一点儿。
Yǒudiǎnr téng, qǐng qīng yìdiǎnr.
좀 아파요. 약하게 해주세요.

我先试一下足部按摩再决定。
Wǒ xiān shì yíxià zúbù ànmó zài juédìng.
우선 발마사지 받아보고 다시 결정할게요.

제가 이 짐을 여기에 좀 맡겨도 될까요?

我能把行李寄存在这里吗?

Wǒ néng bǎ xíngli jìcún zài zhèli ma?

워 넝 바 싱리 지춘 짜이 쩌리 마

짐을 맡겨도 되는지 물어보는 표현으로, 짐을 맡기는 곳을 알려주거나 짐을 맡길 때 비용이 필요함을 말하는 상황입니다.

 대화문 1

A 我能把行李寄存在这里吗?

Wǒ néng bǎ xíngli jìcún zài zhèli ma?

제가 이 짐을 여기에 맡겨도 될까요?

B 不好意思, 我们这里不寄存东西。

Bùhǎoyìsi, wǒmen zhèli bú jìcún dōngxi.

죄송한데, 저희는 이곳에서 짐을 맡지 않습니다.

A 您知道哪里可以寄存吗?

Nín zhīdào nǎlǐ kěyǐ jìcún ma?

어디에 짐을 맡길 수 있는지 아시나요?

B 往前走再往右拐有寄存处。

Wǎng qián zǒu zài wǎng yòu guǎi yǒu jìcúnchu.

앞으로 가셔서 우회전하시면 짐 맡기는 곳이 있습니다.

단어 寄存[jìcún] 보관하다 拐[guǎi] 방향을 바꾸다

A 我能把行李寄存在这里吗?

Wǒ néng bǎ xíngli jìcún zài zhèli ma?

제가 이 짐을 여기에 좀 맡겨도 될까요?

B 可以, 您要寄存几个?

Kěyǐ, nín yào jìcún jǐ ge?

가능합니다. 짐 몇 개를 맡기시나요?

A 两个, 一个大的, 一个小的。

Liǎng ge, yí ge dà de, yí ge xiǎo de.

두 개요. 한 개는 큰 것이고, 한 개는 작은 것이에요.

B 好的, 一共50块。

Hǎo de, yígòng wǔshí kuài.

알겠습니다. 총 50위안입니다.

단어

一共 [yígòng] 총, 합계

 다양한 표현

您打算什么时候来取?

Nín dǎsuan shénmeshíhou lái qǔ?

언제 가지러 오실 건가요?

您到时候来取就行。

Nín dào shíhou lái qǔ jiù xíng.

그때 가지러 오시면 됩니다.

我在哪里可以用寄存的服务?

Wǒ zài nǎlǐ kěyǐ yòng jìcún de fúwù?

제가 어디에서 짐을 맡기는 서비스를 받을 수 있을까요?

체크아웃하려고 합니다. 이것은 제 룸 카드입니다.

我要退房，这是我房卡。

Wǒ yào tuìfáng, zhè shì wǒ fángkǎ.

워 이야오 투이팡, 쩌 스 워 팡카

체크아웃할 때 쓸 수 있는 표현으로 체크아웃할 때 필요한 것을 말하는 상황
입니다.

 대화문 1

A 我要退房，这是我房卡。
Wǒ yào tuìfáng, zhè shì wǒ fángkǎ.
체크아웃하려고 합니다. 이것은 제 룸 카드입니다.

B 好的，我帮您办理，一共500块。
Hǎo de, wǒ bāng nín bànlǐ, yígòng wǔ bǎi kuài.
알겠습니다. 처리를 도와드리겠습니다. 총 500위안입니다.

A 用这个卡结算。
Yòng zhège kǎ jiésuàn.
이 카드로 계산할게요.

B 好的，请稍等。
Hǎo de, qǐng shāoděng.
알겠습니다. 잠시만 기다리세요.

단어　退房[tuìfáng] 체크아웃하다　结算[jiésuàn] 계산하다

A 我要退房，这是我房卡。

Wǒ yào tuìfáng, zhè shì wǒ fángkǎ.

체크아웃하려고 합니다. 이것은 제 룸 카드입니다.

B 您一共住了3天，对吗？

Nín yígòng zhùle sān tiān, duì ma?

총 3일 묵으신 것 맞으시죠?

A 是的。

Shì de.

네.

B 请您稍等，现在帮您办理。

Qǐng nín shāoděng, xiànzài bāng nín bànlǐ.

잠시만 기다리세요. 지금 제가 처리를 도와드릴게요.

Part 4 중장츙

단어

住[zhù] 살다, 묵다

 다양한 표현

别的费用不要算在房费里。

Biéde fèiyòng búyào suàn zài fángfèi li.

다른 비용은 방 값에 포함하지 말아주세요.

您的发票抬头开什么？

Nín de fāpiào táitóu kāi shénme?

영수증의 명목은 무엇으로 할까요?

帮我开一下发票。

Bāng wǒ kāi yíxià fāpiào.

영수증을 발행해주세요.

179

Unit 076

제가 하루 더 방을 연장해도 될까요?

我能延长一天房间吗?

Wǒ néng yáncháng yì tiān fángjiān ma?

워 넝 이엔창 이 티엔 팡지엔 마

방을 하루 더 연장을 할 수 있는지 물어보는 표현으로 연장할 때 필요한 사항
에 관해서 이야기하는 상황입니다.

 대화문 1

A 我能延长一天房间吗?

Wǒ néng yáncháng yì tiān fángjiān ma?

제가 하루 더 방을 연장해도 될까요?

B 不好意思, 您的房间已经有预约了。

Bùhǎoyìsi, nín de fángjiān yǐjīng yǒu yùyuē le.

죄송하지만, 방이 이미 예약이 되었습니다.

A 可以换其他的房间吗?

Kěyǐ huàn qítā de fángjiān ma?

다른 방으로 옮겨도 될까요?

B 请稍等, 我帮您查一下。

Qǐng shāoděng, wǒ bāng nín chá yíxià.

잠시만 기다리세요. 제가 확인을 도와드릴게요.

단어 延长 [yáncháng] 연장하다 查 [chá] 검사하다, 조사하다

A 我能延长一天房间吗?
Wǒ néng yáncháng yì tiān fángjiān ma?
제가 하루 더 방을 연장해도 될까요?

B 可以, 延长一天的费用是300块。
Kěyǐ, yáncháng yì tiān de fèiyòng shì sān bǎi kuài.
가능합니다. 하루 연장 비용은 300위안입니다.

A 好的, 可以的。
Hǎo de, kěyǐ de.
알겠습니다. 가능합니다.

B 已经帮您办理完了。
Yǐjīng bāng nín bànlǐ wán le.
처리 완료를 도와드렸습니다.

단어
费用[fèiyòng] 비용

다양한 표현

我们计划住三天两夜。
Wǒmen jìhuà zhù sān tiān liǎng yè.
우리는 2박 3일 묵을 계획입니다.

如果有取消预约的房间, 请联系我。
Rúguǒ yǒu qǔxiāo yùyuē de fángjiān, qǐng liánxì wǒ.
만약에 예약한 방을 취소하면 저에게 연락주세요.

帮我把双人间换成两个单人间吧。
Bāng wǒ bǎ shuāngrénjiān huàn chéng liǎng ge dānrénjiān ba.
더블룸을 싱글룸 두 개로 바꾸는 것을 도와주세요.

181

보증금은 취소 처리가 되었지요?
押金已经取消了吗?
Yājīn yǐjīng qǔxiāo le ma?
야진 이징 취시아오 러 마

보증금이 취소가 되었는지 물어보는 표현으로 처리 과정에 대해 이야기하는 상황입니다.

 대화문 1

A 押金已经取消了吗?
Yājīn yǐjīng qǔxiāo le ma?
보증금은 취소 처리가 되었지요?

B 还没有, 现在帮您取消吗?
Hái méiyou, xiànzài bāng nín qǔxiāo ma?
아직이요. 지금 취소를 도와드릴까요?

A 好的。
Hǎo de.
네.

B 请您稍等5分钟。
Qǐng nín shāoděng wǔ fēnzhōng.
5분만 기다리세요.

단어 押金[yājīn] 보증금 取消[qǔxiāo] 취소하다

182

A 押金已经取消了吗?

Yājīn yǐjīng qǔxiāo le ma?

보증금은 취소 처리가 되었지요?

B 已经在帮您办理了, 请稍等。

Yǐjīng zài bāng nín bànlǐ le, qǐng shāoděng.

처리를 도와드리고 있습니다. 잠시만 기다리세요.

A 要等多长时间?

Yào děng duō cháng shíjiān?

얼마나 기다려야 하죠?

B 马上就好。

Mǎshàng jiù hǎo.

바로 됩니다.

단어

办理[bànlǐ] 처리하다

 다양한 표현

多少钱的押金?

Duōshao qián de yājīn ?

보증금이 얼마죠?

预订时需要押金吗?

Yùdìng shí xūyào yājīn ma?

예약할 때 보증금이 필요하나요?

要是取消, 得什么时候跟您说?

Yàoshì qǔxiāo, děi shénmeshíhou gēn nín shuō ?

만약에 취소하면 언제 당신에게 말씀드릴까요?

체크아웃할 때 같이 계산해주세요.
退房的时候, 一起结算吧。
Tuìfáng de shíhou, yìqǐ jiésuàn ba.
투이팡 더 스호우, 이치 지에수안 바

계산을 해달라고 할 때 말하는 표현으로 체크아웃 시 필요한 사항에 대해 말하는 상황입니다.

대화문 1

A 退房的时候, 一起结算吧。
Tuìfáng de shíhou, yìqǐ jiésuàn ba.
체크아웃할 때 같이 계산해주세요.

B 好的, 您的房间号是?
Hǎo de, nín de fángjiān hào shì?
알겠습니다. 방 번호가 어떻게 되시죠?

A 901号。
Jiǔ líng yāo hào.
901호입니다.

B 好的, 已经帮您处理完了。
Hǎo de, yǐjīng bāng nín chùlǐ wán le.
알겠습니다. 처리 완료 도와드렸습니다.

단어
结算[jiésuàn] 계산하다

A 退房的时候，一起结算吧。

Tuìfáng de shíhou, yìqǐ jiésuàn ba.

체크아웃할 때 같이 계산해주세요.

B 不好意思，这个要单独结算。

Bùhǎoyìsi, zhège yào dāndú jiésuàn.

죄송하지만, 이것은 따로 계산해야 합니다.

A 好的，一共消费多少?

Hǎo de, yígòng xiāofèi duōshao?

알겠습니다. 총 얼마죠?

B 200块。

Èr bǎi kuài.

200위안입니다.

Part 4

출장 중

단어 单独[dāndú] 단독　消费[xiāofèi] 소비

다양한
표현

迷你吧您有消费吗?

Mínǐba nín yǒu xiāofèi ma?

미니바를 사용하셨나요?

这是您的帐单和发票。

Zhè shì nín de zhàngdān hé fāpiào.

이것은 거래명세서와 영수증입니다.

您要刷卡还是付现金?

Nín yào shuā kǎ háishi fù xiànjīn?

카드결제인가요 아니면 현금결제인가요?

185

Unit 079

제가 방에 짐을 두고 온 것 같아요.
我好像把行李忘在房间里了。

Wǒ hǎoxiàng bǎ xíngli wàng zài fángjiān li le.

워 하오시앙 바 싱리 왕 짜이 팡지엔 리 러

짐을 두고 왔을 때 말하는 표현으로 이를 어떻게 처리해야 하는지 이야기하는
상황입니다.

 대화문 1

🅰 **我好像把行李忘在房间里了。**
Wǒ hǎoxiàng bǎ xíngli wàng zài fángjiān li le.
제가 방에 짐을 두고 온 것 같아요.

🅱 **是吗? 现在回去拿吧。**
Shì ma? xiànzài huíqù ná ba.
그래요? 지금 가서 가지고 오세요.

🅰 **太远了, 我打车过去吧。**
Tài yuǎn le, wǒ dǎchē guòqù ba.
너무 멀어서요. 택시 타고 갈게요.

🅱 **我跟你一起去吧。**
Wǒ gēn nǐ yìqǐ qù ba.
제가 같이 갈게요.

단어
忘[wàng] 잊다

186

대화문 2

A 我好像把行李忘在房间里了。
Wǒ hǎoxiàng bǎ xíngli wàng zài fángjiān li le.
제가 방에 짐을 두고 온 것 같아요.

B 那怎么办? 我跟你一起去拿吧。
Nà zěnme bàn? wǒ gēn nǐ yìqǐ qù ná ba.
그럼 어떡하죠? 저랑 같이 가지러 가요.

A 不用了, 你在这里等我吧, 我马上回来。
Búyòng le, nǐ zài zhèli děng wǒ ba, wǒ mǎshàng huílái.
아니에요. 당신은 여기에서 저를 기다리세요. 제가 바로 돌아올게요.

B 好的, 慢点儿, 别着急。
Hǎo de, màn diǎnr, bié zháojí.
알겠어요. 천천히 하시고 서두르지 마시고요.

단어

着急[zháoji] 서두르다

Part 4 중국어

다양한 표현

好像忘在房间的抽屉里了。
Hǎoxiàng wàng zài fángjiān de chōuti li le.
방 서랍에 두고 온 것 같습니다.

我叫服务员把它拿下来吧。
Wǒ jiào fúwùyuán bǎ tā ná xiàlái ba.
제가 종업원에게 그것을 가지고 오라고 할게요.

我好像把资料忘在办公室里了。
Wǒ hǎoxiàng bǎ zīliào wàng zài bàngōngshì li le.
제가 자료를 사무실에 두고 온 것 같습니다.

187

Unit 080

공항까지 가려면 어떻게 해야 할까요?

去机场, 怎么走?

Qù jīchǎng, zěnme zǒu?

취 지창, 쩐머 쪼우

공항에 갈 때 교통편을 어떻게 이용해야하는지 물어보는 표현으로 그 방법에 대한 이야기를 나누는 상황입니다.

 대화문 1

A 去机场, 怎么走?
Qù jīchǎng, zěnme zǒu?
공항까지 가려면 어떻게 해야 할까요?

B 坐地铁的话, 要先到首尔站, 再转乘机场线。
Zuò dìtiě de huà, yào xiān dào Shǒuěrzhàn, zài zhuǎnchéng jīchǎng xiàn.
지하철을 탄다면, 서울역에 도착해서 다시 공항선으로 환승해야 합니다.

A 好的, 如果坐大巴呢?
Hǎo de, rúguǒ zuò dàbā ne?
알겠습니다. 만약에 버스를 타면요?

B 往前走就会看到大巴车站, 在那里坐就行。
Wǎng qián zǒu jiù huì kàndào dàbā chēzhàn, zài nàli zuò jiù xíng.
앞으로 가시면 버스정류장이 보일 겁니다. 거기에서 타면 돼요.

단어 地铁[dìtiě] 지하철　转乘[zhuǎnchéng] 환승하다

A 去机场, 怎么走?

Qù jīchǎng, zěnme zǒu?

공항까지 가려면 어떻게 해야 할까요?

B 你坐什么去?

Nǐ zuò shénme qù?

무엇을 타고 가시게요?

A 坐什么去会又快又方便?

Zuò shénme qù huì yòu kuài yòu fāngbiàn?

무엇을 타든 빠르고 편리한 것으로요.

B 坐大巴应该会更快。

Zuò dàbā yīnggāi huì gèng kuài.

버스를 타면 더 빠를 겁니다.

Part 4

출장 중

단어 方便[fāngbiàn] 편리하다

다양한 표현

坐什么车比较好呢?

Zuò shénme chē bǐjiào hǎo ne?

무엇을 타는 것이 좋을까요?

怎么走才好呢?

Zěnme zǒu cái hǎo ne?

어떻게 가야 좋을까요?

怎么方便就怎么走吧。

Zěnme fāngbiàn jiù zěnme zǒu ba.

편하신 것으로 가시죠.

Unit 061 어떤 항공편이죠?

是哪个航班?

Shì nǎge hángbān?

Unit 062 창가 쪽 자리로 주실 수 있나요?

能给我安排靠窗的座位吗?

Néng gěi wǒ ānpái kàochuāng de zuòwèi ma?

Unit 063 다른 것 더 필요하신 게 있나요?

还有其他需要的吗?

Háiyǒu qítā xūyào de ma?

Unit 064 기사님, 트렁크 좀 열어주시겠어요?

师傅, 您能开一下后备箱吗?

Shīfu, nín néng kāi yíxià hòubèixiāng ma?

Unit 065 기사님, 거기까지 얼마나 걸리나요?

师傅, 到那儿要多长时间?

Shīfu, dào nàr yào duō cháng shíjiān?

Unit 066 영수증 좀 주시겠어요?

能给我发票吗?

Néng gěi wǒ fāpiào ma?

Unit 067 제 것은 큰돈인데 혹시 잔돈 있으세요?

我的钱比较大, 有零钱吗?

Wǒ de qián bǐjiào dà, yǒu língqián ma?

Unit 068 제가 유심칩을 사려고 하는데요.

我想买手机卡。

Wǒ xiǎng mǎi shǒujī kǎ.

Unit 069 제가 예약한 방에 조식 포함되나요?

我预约的房间有早餐吗?

Wǒ yùyuē de fángjiān yǒu zǎocān ma?

Unit 070 방에 인터넷 되나요?

房间里可以上网吗?

Fángjiān li kěyǐ shàngwǎng ma?

Unit 071 방 카드를 잃어버렸는데 어떡하죠?

我丢了房卡, 怎么办?

Wǒ diūle fángkǎ, zěnmebàn?

Unit 072 이 근처에 갈 만한 곳이 있나요?

这附近有值得去的地方吗?

Zhè fùjìn yǒu zhídé qù de dìfang ma?

Unit 073 어디에서 마사지 받을 수 있을까요?

去哪里能做按摩呢?

Qù nǎlǐ néng zuò ànmó ne?

Unit 074 제가 이 짐을 여기에 좀 맡겨도 될까요?

我能把行李寄存在这里吗?

Wǒ néng bǎ xíngli jìcún zài zhèli ma?

Unit 075 체크아웃하려고 합니다. 이것은 제 룸 카드입니다.

我要退房, 这是我房卡。

Wǒ yào tuìfáng, zhè shì wǒ fángkǎ.

Unit 076 제가 하루 더 방을 연장해도 될까요?

我能延长一天房间吗?

Wǒ néng yáncháng yì tiān fángjiān ma?

Unit 077 보증금은 취소 처리가 되었지요?

押金已经取消了吗?

Yājīn yǐjīng qǔxiāo le ma?

Unit 078 체크아웃할 때 같이 계산해주세요.

退房的时候, 一起结算吧。

Tuìfáng de shíhou, yìqǐ jiésuàn ba.

Unit 079 제가 방에 짐을 두고 온 것 같아요.

我好像把行李忘在房间里了。

Wǒ hǎoxiàng bǎ xíngli wàng zài fángjiān li le.

Unit 080 공항까지 가려면 어떻게 해야 할까요?

去机场, 怎么走?

Qù jīchǎng, zěnme zǒu?

대사관 및 비상 연락처

중국에는 주중국대사관(베이징) 관할 아래 총 8개의 총영사관(香港, 上海, 靑島, 廣州, 沈陽, 成都, 西安, 武漢)과 1개의 출장소(大連)가 개설되어 있습니다. 문제가 발생하면 영사관에 연락해서 문제를 해결해야 합니다.

◎ 주중국대사관 영사부
- 北京市朝陽區亮马桥东方东路20号(100600)
- 전화: (86-10)8532-0404
- 팩스: (86-10)6532-3891
- 이메일: chinaconsul@mofa.go.kr
- 홈페이지: http://overseas.mofa.go.kr/cn-ko/index.do
- 영사관 관할구역: 북경, 천진, 하북성, 산서성, 청해성, 내몽고자치구, 신강위구르자치구, 서장자치구 (北京, 天津, 河北省, 陕西省, 青海省, 内蒙古自治区, 新疆维吾尔自治区, 西藏自治区)

◎ 주홍콩총영사관 (1949.05.01 개설)
- 5-6/F, Far East Finance Centre, 16 Harcourt Road, Hong Kong
- 전화: (852)2529-4141
- 팩스: (852)2861-3699
- 이메일: hkg-info@mofa.go.kr
- 홈페이지: http://overseas.mofa.go.kr/hk-ko/index.do
- 영사관 관할구역: 홍콩, 마카오 (香港, 澳門)

◎ 주상해총영사관 (1993.07.14 개설)
- 上海市万山路60號(200336)
- 전화: (86-21)6295-5000
- 팩스: (86-21)6295-2629
- 이메일: shanghai@mofa.go.kr
- 홈페이지: http://overseas.mofa.go.kr/cn-shanghai-ko/index.do

- 영사관 관할구역: 상해, 안휘성, 강소성, 절강성 (上海市, 安徽省, 江蘇省, 浙江省)

◎ 주청도총영사관 (1994.09.12 개설)
- 山東省靑島市城阳区春阳路88号(266109)
- 전화: (86-532) 8897-6001
- 팩스: (86-532) 8897-6005
- 이메일: qdconsul@mofa.go.kr
- 홈페이지: http://overseas.mofa.go.kr/cn-qingdao-ko/index.do
- 영사관 관할구역: 청도, 산동성 (靑島市, 山東省)

◎ 주심양총영사관 (1999.07.08 개설)
- 遼寧省沈陽市和平區南13緯路37號(110003)
- 전화: (86-24) 2385-3388
- 팩스: (86-24) 2385-5170
- 이메일: shenyang@mofa.go.kr
- 홈페이지: http://overseas.mofa.go.kr/cn-shenyang-ko/index.do
- 영사관 관할구역: 요녕성, 흑룡강성, 길림성 (遼寧省, 黑龍江省, 吉林省)

◎ 주광주총영사관 (2001.08.28 개설)
- 广东省广州市海珠区赤岗领事馆区友邻三路18号(邮编510310)
- 전화: (86-20) 2919-2999
- 팩스: (86-20) 2919-2963
- 이메일: guangzhou@mofa.go.kr
- 홈페이지: http://overseas.mofa.go.kr/cn-guangzhou-ko/index.do
- 영사관 관할구역: 광동성, 광서장족자치구, 해남성, 복건성 (廣東省, 廣西壯族自治區, 海南省, 福建省)

대사관 및 비상 연락처

◎ 주성도총영사관 (2005.02.26 개설)
- 四川省成都市东御街18号百扬大厦14楼(610016)
- 전화: (86-28) 8616-5800
- 팩스: (86-28) 8616-5789
- 이메일: chengdu@mofa.go.kr
- 홈페이지: http://overseas.mofa.go.kr/cn-chengdu-ko/index.do
- 영사관 관할구역: 중경직할시, 사천성, 운남성, 귀주성 (重慶直轄市, 四川省, 云南省, 貴州省)

◎ 주서안총영사관 (2007.09.20 개설)
- 陝西省西安市高新技術産業開發區科技路33號國際商務中心19層 (710075)
- 전화: (86-29) 8835-1001
- 팩스: (86-29) 8835-1002
- 이메일: xian@mofa.go.kr
- 홈페이지: http://overseas.mofa.go.kr/cn-xian-ko/index.do
- 영사관 관할구역: 섬서성, 감숙성, 녕하회족자치구 (陝西省, 甘肅省, 寧夏回族自治區)

◎ 주우한총영사관 (2010.10.25 개설)
- 湖北省武漢市江漢區新華路218號 浦發銀行大廈4樓(430022)
- 전화: (86-27) 8556-1085
- 팩스: (86-27) 8574-1085
- 이메일: wuhan@mofa.go.kr
- 홈페이지: http://overseas.mofa.go.kr/cn-wuhan-ko/index.do
- 영사관 관할구역: 호북성, 호남성, 하남성, 강서성 (湖北省, 湖南省, 河南省, 江西省)

◎ 주대련출장소 (2012.08.29 개설)
- 中国辽宁省大连市中山区人民路２３号虹源大夏５层 5th
- 전화: (86-411) 8235-6288
- 팩스: (86-411) 8235-6283
- 이메일: dalian@mofa.go.kr
- 홈페이지: http://overseas.mofa.go.kr/cn-dalian-ko/index.do
- 영사관 관할구역: 대련시 (大连市)

◎ 경찰신고 110

Part

5

식사 중

출장 중에 고객과 식사를 할 경우가 많습니다.
식사 초대에 대한 감사와 다음 식사는 우리가 대접하겠다는 등의 이야기를 할 수
있습니다. 식사를 하면서 그들과 소통을 할 때 필요한 표현들을 정리했습니다.

081 오늘 초대해주셔서 정말 감사합니다.

082 저희가 이곳에 조촐하게 자리를 마련했어요.

083 오늘 어떤 술을 마실까요?

084 저는 백주를 좋아합니다.

085 한국요리를 좋아한다고 들었습니다.

086 제가 건배 제의를 하겠습니다.

087 우리의 합작을 위해서 건배하시죠.

088 제가 먹어본 것 중 가장 맛있습니다.

089 다음에 한국에 오시면 제가 식사 대접하겠습니다.

090 더 드세요.

091 충분히 많이 먹었습니다.

092 음식은 입에 맞으시나요?

093 환대해주셔서 정말 감사드립니다.

094 제가 한 잔 드리겠습니다. 항상 돌봐주셔서 감사드립니다.

095 언제든 한국에 오시면 연락주세요.

096 한국에 오시면 제가 모시고 가이드 해드릴게요.

097 오늘 정말 좋은 시간 보냈습니다.

098 저도 덕분에 좋은 시간을 보냈습니다.

099 오늘은 제가 한 턱 내겠습니다.

100 당연히 저희가 대접해야지요.

오늘 초대해주셔서 정말 감사합니다.
非常感谢你今天招待我。
Fēicháng gǎnxiè nǐ jīntiān zhāodài wǒ.
페이창 간시에 니 진티엔 짜오따이 워

초대에 대한 감사 표시를 할 때 쓸 수 있는 표현으로 다음을 기약하며 이야기 나누는 상황입니다.

대화문 1

A 非常感谢你今天招待我。
Fēicháng gǎnxiè nǐ jīntiān zhāodài wǒ.
오늘 초대해주셔서 정말 감사합니다.

B 太客气了, 早就想招待你, 一直没机会。
Tài kèqi le, zǎojiù xiǎng zhāodài nǐ, yìzhí méi jīhuì.
별말씀을요. 진작에 초대하고 싶었는데 계속 기회가 없었네요.

A 你做的菜特别好吃。
Nǐ zuò de cài tèbié hǎochī.
요리하신 음식이 정말 맛있어요.

B 是吗? 下次一定再来。
Shì ma? xiàcì yídìng zài lái.
그래요? 다음에 꼭 또 오세요.

단어 招待[zhāodài] 초대하다

198

대화문 2

A 非常感谢你今天招待我。

Fēicháng gǎnxiè nǐ jīntiān zhāodài wǒ.

오늘 초대해주셔서 정말 감사합니다.

B 太客气了, 不知道饭菜合不合你的口味。

Tài kèqi le, bù zhīdào fàncài hé bù hé nǐ de kǒuwèi.

별말씀을요. 음식이 입에 맞으실지 모르겠네요.

A 特别好吃, 下次一定来我家, 尝尝我的手艺。

Tèbié hǎochī, xiàcì yídìng lái wǒ jiā, chángchang wǒ de shǒuyì.

정말 맛있어요. 다음에 꼭 저희 집에 오셔서 저의 솜씨를 맛보세요.

B 好的, 一定。

Hǎo de, yídìng.

알겠습니다. 꼭 그럴게요.

단어

饭菜[fàncài] 식사   手艺[shǒuyì] 솜씨

Part 5

식사 중

 다양한 표현

谢谢您的款待。

Xièxie nín de kuǎndài.

초대에 감사드립니다.

合您的口味就好。

Hé nín de kǒuwèi jiù hǎo.

입맛에 맞으면 됐습니다.

这些菜都合我的口味儿。

Zhèxiē cài dōu hé wǒ de kǒuwèir.

이 요리는 저의 입맛에 맞습니다.

저희가 이곳에 조촐하게 자리를 마련했어요.

我们在这里简单地准备了一个席位。

Wǒmen zài zhèli jiǎndān de zhǔnbèile yí ge xíwèi.

워먼 짜이 쩌리 지엔딴 더 준뻬이러 이 거 시웨이

고객에게 식사 대접을 할 때 쓸 수 있는 표현으로 겸손하게 상대방과 이야기를 하는 상황입니다.

 대화문 1

A 今天我们在这里简单地准备了一个席位。

Jīntiān wǒmen zài zhèli jiǎndān de zhǔnbèile yí ge xíwèi.

오늘 저희가 이곳에 조촐하게 자리를 마련했어요.

B 准备得特别好，我特别喜欢。

Zhǔnbèi de tèbié hǎo, wǒ tèbié xǐhuan.

준비가 상당히 훌륭한데요. 정말 좋습니다.

A 您能喜欢，我们太高兴了。

Nín néng xǐhuan, wǒmen tài gāoxìng le.

좋아하시면 저희는 기쁘죠.

B 谢谢这么热情地招待我。

Xièxie zhème rèqíng de zhāodài wǒ.

이렇게 친절하게 저를 초대해주셔서 감사합니다.

단어 席位[xíwèi] 자리

200

A 今天我们在这里简单地准备了一个席位。

Jīntiān wǒmen zài zhèli jiǎndān de zhǔnbèile yí ge xíwèi.

오늘 저희가 이곳에 조촐하게 자리를 마련했어요.

B 非常感谢你们的招待。

Fēicháng gǎnxiè nǐmen de zhāodài.

초대에 정말 감사드립니다.

A 虽然有点简单, 但希望您能喜欢。

Suīrán yǒudiǎn jiǎndān, dàn xīwàng nín néng xǐhuan.

비록 간소하지만 좋아하시기를 바랍니다.

B 又安静又干净, 气氛又好, 我非常喜欢。

Yòu ānjìng yòu gānjìng, qìfēn yòu hǎo, wǒ fēicháng xǐhuan.

조용하면서 깨끗하네요. 분위기도 좋고, 정말 좋은데요.

단어 干净[gānjing] 깨끗하다   气氛[qìfēn] 분위기

Part 5 식사 중

다양한
표현

今天的菜吃得惯吗?

Jīntiān de cài chīdeguàn ma?

오늘 요리가 입에 맞으신가요?

今天我们在这儿设小宴。

Jīntiān wǒmen zài zhèr shè xiǎoyàn.

오늘 우리는 이곳에 조촐한 식사를 준비했습니다.

这算是为你洗尘好了。

Zhè suànshì wèi nǐ xǐchén hǎo le.

이것은 당신을 위한 환영회라고 할 수 있죠.

오늘 어떤 술을 마실까요?

今天喝什么酒?

Jīntiān hē shénme jiǔ?

진티엔 흐어 션머 지우

고객과 술자리가 있을 경우 술을 마실지 물어보는 표현으로 메뉴를 정하는 상황입니다.

대화문 1

A **今天喝什么酒?**
Jīntiān hē shénme jiǔ?
오늘 어떤 술을 마실까요?

B **青岛啤酒怎么样?**
Qīngdǎo píjiǔ zěnmeyàng?
칭다오 맥주 어때요?

A **我喜欢青岛啤酒。**
Wǒ xǐhuan Qīngdǎo píjiǔ.
저 칭다오 맥주 좋아해요.

B **那先来两瓶青岛啤酒。**
Nà xiān lái liǎng píng Qīngdǎo píjiǔ.
그럼 우선 칭다오 맥주 2병 시키죠.

단어 啤酒[píjiǔ] 맥주

202

대화문 2

A 今天喝什么酒?
Jīntiān hē shénme jiǔ?
오늘 어떤 술을 마실까요?

B 和高粱酒怎么样?
Hé Gāoliángjiǔ zěnmeyàng?
고량주 어때요?

A 高粱酒度数太高了。
Gāoliángjiǔ dùshù tài gāo le.
고량주는 도수가 너무 높아요.

B 那就啤酒吧。
Nà jiù píjiǔ ba.
그럼 맥주 마셔요.

단어　高粱酒[gāoliángjiǔ] 고량주　度数[dùshù] 도수

Part 5 식사 중

您不能喝酒, 可以以茶代酒。
Nín bùnéng hē jiǔ, kěyǐ yǐ chá dài jiǔ.
술을 드시지 못하면 차를 대신 드세요.

我平时不喝酒, 今天是破例。
Wǒ píngshí bù hē jiǔ, jīntiān shì pòlì.
저는 평소에 술을 마시지 않는데 오늘은 예외로 하죠.

酒逢知己千杯少, 话不投机半句多。
Jiǔ féng zhījǐ qiān bēi shǎo, huà bù tóujī bàn jù duō.
술은 통하는 사람과 만나면 천 잔의 술도 적은 것이고, 통하지 않는
사람과 만나면 반 마디의 말도 많다.

Unit 084

저는 백주를 좋아합니다.
我喜欢白酒。
Wǒ xǐhuan báijiǔ.
워 시후안 바이지우

자신이 좋아하는 술을 말할 때 쓸 수 있는 표현으로 메뉴를 선택하면서 이야기 나누는 상황입니다.

대화문 1

A 我喜欢白酒, 你呢?
Wǒ xǐhuan báijiǔ, nǐ ne?
저는 백주를 좋아하는데, 당신은요?

B 我也喜欢白酒。
Wǒ yě xǐhuan báijiǔ.
저도 백주를 좋아해요.

A 那今天一起去喝白酒吧。
Nà jīntiān yìqǐ qù hē báijiǔ ba.
그럼 오늘 같이 백주 마셔요.

B 好的。
Hǎo de.
알겠습니다.

단어

白酒 [báijiǔ] 백주

대화문 2

A 我喜欢喝白酒, 你呢?

Wǒ xǐhuan hē báijiǔ, nǐ ne?

저는 백주를 좋아하는데, 당신은요?

B 我喜欢白酒, 但更喜欢喝啤酒, 啤酒度数不高。

Wǒ xǐhuan báijiǔ, dàn gèng xǐhuan hē píjiǔ, píjiǔ dùshù bù gāo.

저는 백주를 좋아하는데 맥주를 더 좋아해요. 맥주는 도수가 높지 않아요.

A 喝过青岛啤酒吗?

Hēguo Qīngdǎo píjiǔ ma?

칭다오 맥주를 마셔본 적이 있나요?

B 喝过几次。

Hēguo jǐ cì.

몇 번 마셔봤어요.

단어 几[jǐ] 몇 次[cì] 번

Part 5 식사 중

다양한
표현

您的酒量是多少?

Nín de jiǔliàng shì duōshao?

당신의 주량은 어떻게 되나요?

您是海量, 再来一杯。

Nín shì hǎiliàng, zài lái yì bēi.

술고래시군요. 한 잔 더 드세요.

谁不知道韩国人都是海量啊!

Sheí bù zhīdào Hánguórén dōu shì hǎiliàng a!

한국인이 모두 술고래인 것을 누가 모르겠어요!

Unit
o85

한국요리를 좋아한다고 들었습니다.
听说你喜欢韩国料理。
Tīngshuō nǐ xǐhuan Hánguó liàolǐ.
팅슈어 니 시후안 한구어 리아오리

누군가가 무엇을 좋아한다는 것을 들었다고 말할 때 쓸 수 있는 표현으로
요리에 대해 이야기하는 상황입니다.

대화문 1

A **听说你喜欢韩国料理。**
Tīngshuō nǐ xǐhuan Hánguó liàolǐ.
한국요리를 좋아한다고 들었습니다.

B **对，我特别喜欢吃韩国料理。**
Duì, wǒ tèbié xǐhuan chī Hánguó liàolǐ.
맞아요. 한국요리를 정말 좋아해요.

A **你最喜欢吃什么？**
Nǐ zuì xǐhuan chī shénme?
어떤 것을 가장 좋아하세요?

B **大酱汤。**
Dàjiàngtāng.
된장찌개요.

단어
料理[liàolǐ] 요리　大酱汤[dàjiàngtāng] 된장찌개

A 听说你喜欢韩国料理。

Tīngshuō nǐ xǐhuan Hánguó liàolǐ.

한국요리를 좋아한다고 들었습니다.

B 是的, 我最喜欢吃的韩国料理是大酱汤。

Shì de, wǒ zuì xǐhuan chī de Hánguó liàolǐ shì dàjiàngtāng.

맞아요. 제가 가장 좋아하는 한국요리는 된장찌개예요.

A 除了大酱汤, 还喜欢什么?

Chúle dàjiàngtāng, hái xǐhuan shénme?

된장찌개를 제외하고 또 뭐 좋아해요?

B 还有泡菜汤, 烤肉等。

Háiyǒu pàocàitāng, kǎoròu děng.

김치찌개랑 불고기 등이요.

단어 除了[chúle] ~을 제외하고 泡菜汤[pàocàitāng] 김치찌개

烤肉[kǎoròu] 불고기

다양한 표현

您有什么忌口吗?

Nín yǒu shénme jìkǒu ma?

가리는 음식이 있으신가요?

你做东, 你说了算。

Nǐ zuò dōng, nǐ shuōle suàn.

당신이 대접하는 것이니 당신이 정하는 것이 법입니다.

我都行, 客随主便。

Wǒ dōu xíng, kè suí zhǔ biàn.

저는 모두 가능해요. 손님은 주인이 하자는 대로 따르는 거죠.

Part 5 식사 중

제가 건배 제의를 하겠습니다.
我建议干杯。
Wǒ jiànyì gānbēi.
워 지엔이 깐뻬이

건배 제의를 할 때 쓸 수 있는 표현으로 고객사와 앞으로 잘해보자고 의기투합을 하는 상황입니다.

대화문 1

A 我建议干杯。
Wǒ jiànyì gānbēi.
제가 건배 제의를 하겠습니다.

B 对, 我们干杯吧。
Duì, wǒmen gānbēi ba.
그래요. 우리 건배해요.

A 为了我们公司更好的发展, 干杯!
Wèile wǒmen gōngsī gènghǎo de fāzhǎn, gānbēi!
우리 회사의 더 큰 발전을 위해서 건배!

B 为了我们公司更好的发展, 干杯!
Wèile wǒmen gōngsī gènghǎo de fāzhǎn, gānbēi!
우리 회사의 더 큰 발전을 위해서 건배!

단어 建议 [jiànyi] 건의하다 发展 [fāzhǎn] 발전하다

A 我建议干杯。
Wǒ jiànyì gānbēi.
제가 건배 제의를 하겠습니다.

B 喝的太多了, 还是随意吧。
Hē de tài duō le, háishi suíyì ba.
많이 마셨는데, 마시고 싶은 만큼 마셔요.

A 这么开心的日子, 当然要干杯。
Zhème kāixīn de rìzi, dāngrán yào gānbēi.
이렇게 기분 좋은 날엔 당연히 원샷해야지요.

B 好的, 那就干杯吧。
Hǎo de, nà jiù gānbēi ba.
알겠습니다. 그럼 원샷하지요.

단어　随意[suíyi] 마음대로　日子[rìzi] 날

Part 5 식사 중

다양한 표현

我再敬你一杯。
Wǒ zài jìng nǐ yì bēi.
제가 다시 한 잔 따르겠습니다.

让我举杯祝大家健康。
Ràng wǒ jǔbēi zhù dàjiā jiànkāng.
여러분들의 건강을 위해 건배를 제의하겠습니다.

感情深一口闷, 感情浅舔一舔。
Gǎnqíng shēn yì kǒu mèn, gǎnqíng qiǎn tiǎnyitiǎn.
정이 깊으면 원샷하고 아니면 조금만 마셔도 상관없어요.

우리의 합작을 위해서 건배하시죠.
为了我们的合作干杯。
Wèile wǒmen de hézuò gānbēi.
웨이러 워먼 더 흐어쭈어 깐뻬이

건배를 제의할 때 쓸 수 있는 표현으로 고객사와 앞으로 잘해보자고 의기투합을 하는 상황입니다.

대화문 1

A 为了我们的合作干杯。
Wèile wǒmen de hézuò gānbēi.
우리의 합작을 위해서 건배하시죠.

B 对，为了我们更好的合作，干杯。
Duì, wèile wǒmen gènghǎo de hézuò, gānbēi.
맞습니다. 우리의 합작을 위해서 건배하시죠.

A 也为了我们更好的发展干杯。
Yě wèile wǒmen gènghǎo de fāzhǎn gānbēi.
또한 우리의 더 나은 발전을 위해서 건배하시죠.

B 说的太对了。
Shuō de tài duì le.
맞습니다.

단어
合作 [hézuò] 합작

210

A 为了我们的合作干杯。
Wèile wǒmen de hézuò gānbēi.
우리의 합작을 위해서 건배하시죠.

B 我们第一次合作, 希望我们以后的合作会更好。
Wǒmen dìyīcì hézuò, xīwàng wǒmen yǐhòu de hézuò huì gènghǎo.
저희의 첫 번째 합작인데 앞으로 합작이 더 좋아지기를 희망합니다.

A 以后互相帮助, 共同发展。
Yǐhòu hùxiāng bāngzhù, gòngtóng fāzhǎn.
앞으로 서로 도와가면서 같이 발전해요.

B 干杯!
Gānbēi!
건배!

단어

互相[hùxiāng] 서로   共同[gòngtóng] 공동의

다양한 표현

为大家的健康举杯。
Wèi dàjiā de jiànkāng jǔbēi.
모두의 건강을 위해서 건배하시죠.

为了我们的合作成功, 干杯!
Wèile wǒmen de hézuò chénggōng, gānbēi!
우리들의 성공적인 합작을 위해서 건배!

我希望我们的合作圆满成功。
Wǒ xīwàng wǒmen de hézuò yuánmǎn chénggōng.
저는 우리들의 합작이 원만하게 성공하길 희망합니다.

제가 먹어본 것 중 가장 맛있습니다.
这是我吃过的最好吃的。
Zhè shì wǒ chīguo de zuì hǎochī de.
쩌 스 워 츠구어 더 쭈이 하오츠 더

맛있다고 말할 때 쓸 수 있는 표현으로 다음에 또 기회를 만들자고 이야기하
는 상황입니다.

 대화문 1

A 这是我吃过的最好吃的。
Zhè shì wǒ chīguo de zuì hǎochī de.
제가 먹어본 것 중 가장 맛있습니다.

B 是吗? 没想到你这么喜欢吃。
Shì ma? méi xiǎngdào nǐ zhème xǐhuan chī.
그래요? 이렇게 좋아할 거라고 생각하지 못했어요.

A 下次一定还来。
Xiàcì yídìng hái lái.
다음에 꼭 또 와요.

B 好的, 下次再一起来。
Hǎo de, xiàcì zài yìqǐ lái.
알겠습니다. 다음에 다시 함께 오죠.

단어
好吃[hǎochī] 맛있다

A 这是我吃过的最好吃的。
Zhè shì wǒ chīguo de zuì hǎochī de.
제가 먹어본 것 중 가장 맛있습니다.

B 是吗? 还有没有想吃的? 下次再带你去。
Shì ma? hái yǒuméiyou xiǎng chī de? xiàcì zài dài nǐ qù.
그래요? 또 먹고 싶은 것이 있나요? 다음에 데리고 갈게요.

A 韩国料理我都喜欢。
Hánguó liàolǐ wǒ dōu xǐhuan.
한국요리는 다 좋아합니다.

B 好的, 下次带你去你没吃过的。
Hǎo de, xiàcì dài nǐ qù nǐ méi chīguo de.
알겠습니다. 다음에는 안 먹어본 것이 있는 곳으로 데리고 갈게요.

단어

下次[xiàcì] 다음

다양한 표현

我对香菜过敏。
Wǒ duì xiāngcài guòmǐn.
저는 고수에 알레르기가 있습니다.

您也多用点儿。
Nín yě duō yòng diǎnr.
많이 드세요.

真是大饱口福!
Zhēnshì dàbǎokǒufú!
정말 먹을 복이 있군요!

다음에 한국에 오시면 제가 식사 대접하겠습니다.

下次来韩国, 我要请你吃饭。

Xiàcì lái Hánguó, wǒ yào qǐng nǐ chī fàn.

시아츠 라이 한구어, 워 이야오 칭 니 츠 판

향후에 다시 만나면 식사 대접을 한다고 말하는 표현으로 좋아하는 요리에
대해 이야기하는 상황입니다.

대화문 1

A 下次来韩国, 我要请你吃饭。
Xiàcì lái Hánguó, wǒ yào qǐng nǐ chī fàn.
다음에 한국에 오시면 제가 식사 대접하겠습니다.

B 好啊, 我喜欢吃韩国料理。
Hǎo a, wǒ xǐhuan chī Hánguó liàolǐ.
알겠습니다. 저는 한국요리를 먹는 것을 좋아합니다.

A 最喜欢吃什么?
Zuì xǐhuan chī shénme?
가장 좋아하는 것은 무엇이죠?

B 都喜欢。
Dōu xǐhuan.
모두 좋아합니다.

단어 请[qǐng] 대접하다

A 下次来韩国, 我要请你吃饭。
Xiàcì lái Hánguó, wǒ yào qǐng nǐ chī fàn.
다음에 한국에 오시면 제가 식사 대접하겠습니다.

B 那太好了, 我要好好想一想吃什么?
Nà tài hǎo le, wǒ yào hǎohao xiǎngyixiǎng chī shénme?
그러면 좋죠. 제가 무엇을 먹고 싶은지 생각해볼게요.

A 你随便点, 有很多好吃的店。
Nǐ suíbiàn diǎn, yǒu hěn duō hǎochī de diàn.
생각해보세요. 많은 맛집들이 있어요.

B 我想好了就告诉你。
Wǒ xiǎng hǎo le jiù gàosu nǐ.
제가 생각하고 알려드릴게요.

단어

点[diǎn] 주문하다

다양한 표현

您多保重。
Nín duō bǎozhòng.
몸조리 잘하세요.

下次来韩国的话, 跟我联系吧。
Xiàcìlái Hánguóde huà, gēn wǒliánxìba.
다음에 한국에 오면 저에게 연락주세요.

我就在这儿告辞了, 下次在韩国见。
Wǒ jiù zài zhèr gàocí le, xiàcì zài Hánguó jiàn.
저는 여기서 이만 가보겠습니다. 다음에 한국에서 뵐게요.

Part 5 식사 중

더 드세요.
再多吃点儿。
Zài duō chī diǎnr.
짜이 뚜어 츠 디얼

더 드시라고 말할 때 쓸 수 있는 표현으로 요리를 앞에 두고 이야기 나누는 상황입니다.

 대화문 1

A 再多吃点儿。
Zài duō chī diǎnr.
더 드세요.

B 已经吃了太多了, 吃饱了。
Yǐjīng chīle tài duōle, chībǎo le.
이미 많이 먹었어요. 배불러요.

A 这个特别好吃, 再吃一点。
Zhège tèbié hǎochī, zài chī yìdiǎn.
이것은 정말 맛있어요. 더 드세요.

B 我实在吃不下去了。
Wǒ shízài chī bú xiàqù le.
저 정말 더 못 먹을 것 같아요.

단어 吃饱[chībǎo] 배부르다 实在[shízài] 실제로, 정말

216

A 再多吃点儿。
Zài duō chī diǎnr.
더 드세요.

B 好的, 这个菜太好吃了。
Hǎo de, zhège cài tài hǎochī le.
알겠습니다. 이 요리는 너무 맛있어요.

A 下次来我再给你做。
Xiàcì lái wǒ zài gěi nǐ zuò.
다음에 오면 제가 또 요리해드릴게요.

B 太好了。
Tài hǎo le.
정말 좋죠.

단어　菜 [cài] 요리

Part 5

식사 중

다양한
표현

请慢用。
Qǐng mànyòng.
맛있게 드세요.

您慢慢吃。
Nín mànman chī.
천천히 드세요.

怎么不吃了, 再吃点儿。
Zěnme bù chī le, zài chī diǎnr.
왜 안 드세요. 더 드세요.

충분히 많이 먹었습니다.
我已经吃得足够多了。
Wǒ yǐjīng chī de zúgòu duō le.
워 이징 츠 더 주꼬우 뚸어 러

잘 먹었다고 말할 때 쓸 수 있는 표현으로 식사를 하면서 이야기를 나누는 상황입니다.

 대화문 1

A 我已经吃得足够多了。
Wǒ yǐjīng chī de zúgòu duō le.
저는 이미 충분히 많이 먹었습니다.

B 我吃得比你多, 你还要再吃一点儿。
Wǒ chī de bǐ nǐ duō, nǐ hái yào zài chī yìdiǎnr.
제가 당신보다 더 많이 먹었으니 좀 더 드세요.

A 味道真的特别好, 但是我真的吃了很多了。
Wèidao zhēnde tèbié hǎo, dànshì wǒ zhēnde chīle hěn duō le.
맛이 정말 좋네요. 근데 정말로 많이 먹었어요.

B 好吧, 那我就不再劝你了。
Hǎo ba, nà wǒ jiù bú zài quàn nǐ le.
그래요. 그럼 더 드시라고 하지 않을게요.

단어 足够[zúgòu] 충분하다 味道[wèidao] 맛 劝[quàn] 권하다

대화문 2

A 我已经吃得足够多了。
Wǒ yǐjīng chī de zúgòu duō le.
저는 이미 충분히 많이 먹었습니다.

B 好长时间没见你吃这么多了。
Hǎo cháng shíjiān méi jiàn nǐ chī zhème duō le.
이렇게 많이 먹는 것을 그동안 보지 못했어요.

A 对, 今天的菜太香了。
Duì, jīntiān de cài tài xiāng le.
맞아요. 오늘 요리가 정말 맛있네요.

B 那我就再多吃点儿吧。
Nà wǒ jiù zài duō chī diǎnr ba.
그럼 더 드세요.

단어

这么[zhème] 이렇게　香[xiāng] 맛있다

Part 5 식사 중

我撑死了。
Wǒ chēng sǐ le.
배불러 죽겠습니다.

我已经吃饱了。
Wǒ yǐjīng chībǎo le.
저는 이미 배불러요.

我吃得太多了。
Wǒ chī de tài duō le.
저는 많이 먹었습니다.

음식은 입에 맞으시나요?
饭菜可口吗?
Fàncài kěkǒu ma?
판차이 크어코우 마

음식이 입에 맞는지에 대해 이야기하는 상황입니다.

대화문 1

A 饭菜可口吗?
Fàncài kěkǒu ma?
음식은 입에 맞으시나요?

B 非常好吃, 很合我的口味。
Fēicháng hǎochī, hěn hé wǒ de kǒuwèi.
매우 맛있어요. 저의 입맛에 맞아요.

A 那太好了, 那就多吃一点儿。
Nà tài hǎo le, nà jiù duō chī yìdiǎnr.
정말 잘됐네요. 그럼 더 드세요.

B 好的, 太谢谢你了。
Hǎo de, tài xièxie nǐ le.
알겠습니다. 정말 고맙습니다.

단어
可口 [kěkǒu] 입에 맞다   口味 [kǒuwèi] 맛

A 饭菜可口吗?
Fàncài kěkǒu ma?
음식은 입에 맞으시나요?

B 很合我的口味, 没想到你做菜这么好吃。
Hěn hé wǒ de kǒuwèi, méi xiǎng dào nǐ zuò cài zhème hǎochī.
제 입맛에 맞아요. 요리를 이렇게 맛있게 하실 줄 몰랐어요.

A 我以前学过一点儿。
Wǒ yǐqián xuéguo yìdiǎnr.
제가 예전에 좀 배웠어요.

B 是吗? 下次你一定要教教我。
Shì ma? xiàcì nǐ yídìng yào jiāojiao wǒ.
그래요? 다음에 저 좀 가르쳐주세요.

단어 以前 [yǐqián] 예전에

Part 5 식사 중

 다양한 표현

菜合您口味吗?
Cài hénín kǒuwèi ma?
요리가 입맛에 맞으시나요?

不知道今天的菜对不对您的口味。
Bùzhīdào jīntiān de cài duìbuduìnín de kǒuwèi.
오늘 요리가 입맛에 맞으시는지 모르겠네요.

不知道今天的菜合不合您的口味。
Bùzhīdào jīntiān de cài hébuhénín de kǒuwèi.
오늘 요리가 입맛에 맞으시는지 모르겠네요

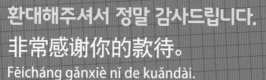

환대해주셔서 정말 감사드립니다.
非常感谢你的款待。
Fēicháng gǎnxiè nǐ de kuǎndài.
페이창 간시에 니 더 쿠안따이

환대에 대해 감사 표시를 하는 표현으로 음식에 대해 말하는 상황입니다.

대화문 1

A 非常感谢你的款待。
Fēicháng gǎnxiè nǐ de kuǎndài.
환대해주셔서 정말 감사드립니다.

B 太客气了，不知道饭菜合不合你的口味。
Tài kèqi le, bù zhīdào fàncài hébuhé nǐ de kǒuwèi.
별말씀을요. 입맛에 맞는지 모르겠네요.

A 我特别喜欢，今天我吃了太多了。
Wǒ tèbié xǐhuan, jīntiān wǒ chī le tài duō le.
저 정말 좋아해요. 오늘 정말로 많이 먹었어요.

B 喜欢就好，那就再多吃点儿。
Xǐhuan jiù hǎo, nà jiù zài duō chī diǎnr.
좋아하면 된 거죠. 그럼 더 많이 드세요.

단어
款待[kuǎndài] 환대하다

A 非常感谢你的款待。
Fēicháng gǎnxiè nǐ de kuǎndài.
환대해주셔서 정말 감사드립니다.

B 如果你喜欢，下次来的时候，再给你做。
Rúguǒ nǐ xǐhuan, xiàcì lái de shíhou, zài gěi nǐ zuò.
만약에 좋아하신다면 다음에 오시면 다시 요리해드릴게요.

A 太好了，下次你也教教我怎么做吧。
Tài hǎo le, xiàcì nǐ yě jiāojiao wǒ zěnme zuò ba.
너무 좋죠. 다음에 어떻게 만드는지 알려주세요.

B 当然可以。
Dāngrán kěyǐ.
당연히 가능하죠.

단어
教[jiāo] 가르치다

Part 5
식사 중

다양한
표현

谢谢您的热情款待。
Xièxie nín de rèqíng kuǎndài.
열정적인 환대에 감사드립니다.

下次有机会再聚。
Xiàcì yǒu jīhuì zài jù.
다음에 기회가 되면 다시 모여요.

再次非常感谢各位的热情款待。
Zàicì fēicháng gǎnxiè gèwèi de rèqíng kuǎndài.
다시 한번 모든 분들의 열정적인 환대에 매우 감사드립니다.

제가 한 잔 드리겠습니다. 항상 돌봐주셔서
감사드립니다.

我敬你一杯, 谢谢您一直照顾我。
Wǒ jìng nǐ yì bēi, xièxie nín yìzhí zhàogù wǒ.
워 징 니 이 뻬이, 씨에시에 닌 이즈 짜오꾸 워

상대방에게 잔을 올릴 때 쓸 수 있는 표현으로 그동안 돌봐줌에 감사 표시를
하는 상황입니다.

 대화문 1

A 我敬你一杯, 谢谢您一直照顾我。
Wǒ jìng nǐ yì bēi, xièxie nín yìzhí zhàogù wǒ.
제가 한 잔 드리겠습니다. 항상 돌봐주셔서 감사드립니다.

B 太客气了, 也谢谢你对公司的贡献。
Tài kèqi le, yě xièxie nǐ duì gōngsī de gòngxiàn.
별말씀을요. 저 또한 회사의 공헌에 감사드립니다.

A 我会更加努力工作的。
Wǒ huì gèngjiā nǔlì gōngzuò de.
제가 더 노력해서 일하겠습니다.

B 好的, 我们共同努力。
Hǎo de, wǒmen gòngtóng nǔlì.
그래요. 우리 같이 노력해요.

단어 照顾[zhàogù] 돌봐주다 努力[nǔlì] 노력하다

A 我敬你一杯, 谢谢您一直照顾我。
Wǒ jìng nǐ yì bēi, xièxie nín yìzhí zhàogù wǒ.
제가 한 잔 드리겠습니다. 항상 돌봐주셔서 감사드립니다.

B 太客气了, 这是我应该做的。
Tài kèqi le, zhè shì wǒ yīnggāi zuò de.
별말씀을요. 당연히 해야 할 일을 했죠.

A 希望您以后多多指教。
Xīwàng nín yǐhòu duōduo zhǐjiào.
앞으로 많은 지도 편달 주시기를 희망합니다.

B 好的, 也请你多多帮助。
Hǎo de, yě qǐng nǐ duōduo bāngzhù.
알겠습니다. 저 또한 많은 도움을 부탁드립니다.

단어

指教[zhǐjiào] 지도하다

 다양한
표현

感谢各位给我的帮助。
Gǎnxiè gèwèi gěi wǒ de bāngzhù.
저를 도와주신 모든 분께 감사드립니다.

感谢公司给我的机会。
Gǎnxiè gōngsī gěi wǒ de jīhuì.
저에게 기회를 주셔서 감사합니다.

真的非常感谢您一直以来给我的支持。
Zhēnde fēicháng gǎnxiè nín yìzhí yǐlái gěi wǒ de zhīchí.
줄곧 저를 지지해주셔서 정말 감사합니다.

Unit 095

언제든 한국에 오시면 연락주세요.

不管什么时候, 只要来韩国, 就联系我。

Bùguǎn shénmeshíhou, zhǐyào lái Hánguó, jiù liánxì wǒ.

뿌구안 션머스호우, 즈이야오 라이 한구어. 지우 리엔시 워

한국에 오면 연락을 달라는 표현으로 다음을 기약하며 이야기하는 상황입니다.

 대화문 1

🅰 **不管什么时候, 只要来韩国, 就联系我。**
Bùguǎn shénmeshíhou, zhǐyào lái Hánguó, jiù liánxì wǒ.
언제든 한국에 오시면 연락주세요.

🅱 **好的, 一定。**
Hǎo de, yídìng.
알겠습니다. 꼭 그럴게요.

🅰 **明天的飞机吗?**
Míngtiān de fēijī ma?
내일 비행기인가요?

🅱 **对, 明天上午11点的飞机。**
Duì, míngtiān shàngwǔ shíyī diǎn de fēijī.
맞아요. 내일 오전 11시 비행기입니다.

단어 不管[bùguǎn] ~에 관계없이 只要[zhǐyào] ~하기만 한다면

226

A 不管什么时候，只要来韩国，就联系我。

Bùguǎn shénmeshíhou, zhǐyào lái Hánguó, jiù liánxì wǒ.

언제든 한국에 오시면 연락주세요.

B 好的，这次谢谢你的款待，我玩得很开心。

Hǎo de, zhècì xièxie nǐ de kuǎndài, wǒ wán de hěn kāixīn.

알겠습니다. 이번 초대에 감사드려요. 즐거웠습니다.

A 这次来的时间太短了，下次来，一定要好好准备。

Zhècì lái de shíjiān tài duǎn le, xiàcì lái, yídìng yào hǎohao zhǔnbèi.

이번에 오신 시간이 너무 짧았는데. 다음에 오시면 꼭 더 잘 준비할게요.

B 如果你来中国，也一定联系我。

Rúguǒ nǐ lái Zhōngguó, yě yídìng liánxì wǒ.

만약에 중국에 오시면. 또한 저에게 꼭 연락주세요.

단어 准备[zhǔnbèi] 준비하다　短[duǎn] 짧다

다양한 표현

有空的话，一定要来韩国吧。

Yǒu kòng de huà, yídìng yào lái Hánguó ba.

시간이 되시면 꼭 한국에 오세요.

这几天您也受累了，我再次感谢您。

Zhè jǐ tiān nín yě shòulèi le, wǒ zàicì gǎnxiè nín.

요 며칠 수고하셨습니다. 다시 한번 감사드립니다.

来韩国的时候，提前告诉我。

Lái Hánguó de shíhou, tíqián gàosu wǒ.

한국에 오실 때 미리 저한테 알려주세요.

한국에 오시면 제가 모시고 가이드 해드릴게요.
如果您来韩国，我一定给您当导游。
Rúguǒ nín lái Hánguó, wǒ yídìng gěi nín dāng dǎoyóu.
루구어 닌 라이 한구어. 워 이띵 게이 닌 땅 따오여우

한국에 오면 직접 가이드 해준다고 할 때 쓸 수 있는 표현으로 시간이 되면
와서 연락을 달라고 말하는 상황입니다.

대화문 1

A 如果您来韩国，我一定给您当导游。
Rúguǒ nín lái Hánguó, wǒ yídìng gěi nín dāng dǎoyóu.
한국에 오시면 제가 모시고 가이드 해드릴게요.

B 那太好了，这次来韩国玩得很开心。
Nà tài hǎo le, zhècì lái Hánguó wán de hěn kāixīn.
그럼 좋죠. 이번에 한국에 와서 즐거웠습니다.

A 什么时候有时间再来吧。
Shénmeshíhou yǒu shíjiān zài lái ba.
언제 시간이 되시면 다시 오세요.

B 下个月也有可能会来。
Xià ge yuè yě yǒu kěnéng huì lái.
아마도 다음 달에 올 것 같아요.

단어
当[dāng] ~이 되다　导游[dǎoyóu] 가이드

A 如果您来韩国, 我一定给您当导游。
Rúguǒ nín lái Hánguó, wǒ yídìng gěi nín dāng dǎoyóu.
한국에 오시면 제가 모시고 가이드 해드릴게요.

B 谢谢你, 你什么时候来中国, 我也给你当导游。
Xièxie nǐ, nǐ shénmeshíhou lái Zhōngguó, wǒ yě gěi nǐ dāng dǎoyóu.
고맙습니다. 언제 중국에 오시면 저도 가이드 해드릴게요.

A 是吗? 太好了, 我正计划下个月去呢。
Shì ma? tài hǎo le, wǒ zhèng jìhuà xià ge yuè qù ne.
그래요? 너무 좋죠. 저는 마침 다음 달에 가는 것을 계획하고 있어요.

B 你来的话, 一定要联系我。
Nǐ lái de huà, yídìng yào liánxì wǒ.
오신다면 꼭 저한테 연락주세요.

단어 计划[jìhuà] 계획하다

Part 5 식사 중

다양한 표현

这段时间多亏了您的照顾。
Zhè duàn shíjiān duōkuīle nín de zhàogù.
이 기간 동안 돌봐주심에 많은 도움을 받았습니다.

下次去中国, 还要麻烦您。
Xiàcì qù Zhōngguó, hái yào máfan nín.
다음에 중국에 가면 당신을 번거롭게 할 것 같네요.

下次多呆几天, 我陪你去看看旅游景点。
Xiàcì duō dāi jǐ tiān, wǒ péi nǐ qù kànkan lǚyóu jǐngdiǎn.
다음에 며칠 더 머무시면, 제가 경치 좋은 곳으로 모시고 갈게요.

Unit 097

오늘 정말 좋은 시간 보냈습니다.
今天过得真的很开心。
Jīntiān guò de zhēnde hěn kāixīn.
진티엔 구어 더 쩐더 헌 카이신

좋은 시간을 보냈다고 말할 때 쓸 수 있는 표현으로 가고 싶은 곳에 대해 이야기하는 상황입니다.

 대화문 1

A **今天过得真的很开心。**
Jīntiān guò de zhēnde hěn kāixīn.
오늘 정말 좋은 시간 보냈습니다.

B **还有没有想去的地方, 我们明天再去。**
Hái yǒuméiyou xiǎng qù de dìfang, wǒmen míngtiān zài qù.
또 가고 싶은 곳이 있으면 우리 내일 다시 가요.

A **我想去故宫看一看。**
Wǒ xiǎng qù Gùgōng kànyikàn.
저는 고궁에 가서 좀 보고 싶습니다.

B **好的, 我现在在网上预订票。**
Hǎo de, wǒ xiànzài zài wǎngshàng yùdìng piào.
알겠습니다. 제가 인터넷에서 표를 예약할게요.

단어

故宫[gùgōng] 고궁 网上[wǎngshàng] 인터넷 预订[yùdìng] 예약하다

A 今天过得真的很开心。

Jīntiān guò de zhēnde hěn kāixīn.

오늘 정말 좋은 시간 보냈습니다.

B 这是你第一次来韩国吧?

Zhè shì nǐ dì-yīcì lái Hánguó ba?

이번에 처음으로 한국에 오신 거죠?

A 不是, 我之前来过一次, 但是那时候没有时间玩。

Búshì, wǒ zhīqián láiguo yīcì, dànshì nà shíhou méiyou shíjiān wán.

아니에요. 예전에 한 번 온 적이 있지만 그때는 둘러볼 시간이 없었어요.

B 那这一次好好玩一玩。

Nà zhè yīcì hǎohao wányiwán.

그러면 이번에 많이 둘러보세요.

Part 5 식사 중

단어 但是 [dànshi] 그러나

다양한
표현

今天过得很愉快。

Jīntiān guò de hěn yúkuài.

오늘 즐겁게 보냈습니다.

时间过得真快。

Shíjiān guò de zhēn kuài.

시간 정말 빠르네요.

今天玩儿得很开心。

Jīntiān wánr de hěn kāixīn.

오늘 즐겁게 놀았네요.

저도 덕분에 좋은 시간을 보냈습니다.
谢谢你, 我也玩得很开心。
Xièxie nǐ, wǒ yě wán de hěn kāixīn.
씨에시에 니, 워 이에 와 더 헌 카이신

좋은 시간을 보냈다고 말할 때 쓸 수 있는 표현으로 그에 대해 감사 표시를 하고 다음을 기약하는 상황입니다.

대화문 1

A 谢谢你, 我也玩得很开心。
Xièxie nǐ, wǒ yě wán de hěn kāixīn.
저도 덕분에 좋은 시간을 보냈습니다.

B 因为有你给我做导游, 所以才能玩得这么开心。
Yīnwèi yǒu nǐ gěi wǒ zuò dǎoyóu, suǒyǐ cái néng wán de zhème kāixīn.
가이드를 해주었기 때문에 이렇게 즐겁게 보낸 것 같아요.

A 下次我去中国, 也得拜托你给我当导游呢。
Xiàcì wǒ qù Zhōngguó, yě děi bàituō nǐ gěi wǒ dāng dǎoyóu ne.
다음에 중국에 가면 저한테 가이드 해주세요.

B 没问题, 如果你来, 一定提前告诉我。
Méi wèntí, rúguǒ nǐ lái, yídìng tíqián gàosu wǒ.
문제 없습니다. 만약에 오시면 꼭 저에게 미리 말씀해주세요.

단어
拜托[bàituō] 부탁하다

A 谢谢你，我也玩得很开心。

Xièxie nǐ, wǒ yě wán de hěn kāixīn.

저도 덕분에 좋은 시간을 보냈습니다.

B 今天我们一起吃了很多好吃的，
也去了很多好玩的地方，太谢谢你了。

Jīntiān wǒmen yìqǐ chīle hěn duō hǎochī de,
yě qùle hěn duō hǎo wán de dìfang, tài xièxie nǐ le.

오늘 우리 같이 맛있는 것 먹고 좋은 곳도 가고, 정말 고맙습니다.

A 我也得感谢你，如果不是你，
我也没有机会去那些地方玩。

Wǒ yě děi gǎnxiè nǐ, rúguǒ búshì nǐ,
wǒ yě méiyou jīhuì qù nàxiē dìfang wán.

저도 감사드립니다. 만약에 당신이 아니었으면 저도 그곳에 가서 놀 기회
가 없었을 것 같아요.

B 明天如果有时间，我们再去南山玩一玩吧。

Míngtiān rúguǒ yǒu shíjiān, wǒmen zài qù Nánshān wányiwán ba.

내일 시간이 되면, 우리 같이 남산에 가서 놀아요.

단어

南山[nánshān] 남산

다양한
표현

托你的福，一切顺利。

Tuō nǐ de fú, yíqiè shùnlì.

당신 덕분에 모든 일이 순조로웠습니다.

托你的福，生活得很好。

Tuō nǐ de fú, shēnghuó de hěn hǎo.

당신 덕분에 지내는 것이 좋습니다.

这都是托大家的福。

Zhè dōu shì tuō dàjiā de fú.

이것이 모두 여러분 덕분입니다.

Part 5 식사 중

오늘은 제가 한 턱 내겠습니다.
今天我请客。
Jīntiān wǒ qǐngkè.
진티엔 워 칭커

식사 대접을 한다고 할 때 쓸 수 있는 표현으로 그와 관련된 이야기를 하는 상황입니다.

 대화문 1

A 今天我请客。
Jīntiān wǒ qǐngkè.
오늘은 제가 한 턱 내겠습니다.

B 为了感谢今天你的帮忙, 我来请吧。
Wèile gǎnxiè jīntiān nǐ de bāngmáng, wǒ lái qǐng ba.
오늘 저를 도와주심에 감사를 하기 위해서는 제가 내야죠.

A 你来到韩国是客人, 怎么能让你请呢?
Nǐ láidào Hánguó shì kèrén, zěnme néng ràng nǐ qǐng ne?
한국에 오셨으면 손님이죠. 어떻게 당신보고 내라고 할 수 있어요?

B 好吧, 下次你来中国, 我一定请你吃好吃的。
Hǎo ba, xiàcì nǐ lái Zhōngguó, wǒ yídìng qǐng nǐ chī hǎochī de.
알겠어요. 다음에 중국에 오시면 반드시 맛있는 것을 대접할게요.

단어

客人[kèrén] 손님

대화문 2

A 今天我请客, 你想吃什么?
Jīntiān wǒ qǐngkè, nǐ xiǎng chī shénme?
오늘은 제가 한 턱 내겠습니다. 드시고 싶은 것이 있나요?

B 我什么都行, 你选吧。
Wǒ shénme dōu xíng, nǐ xuǎn ba.
저는 뭐든 가능해요. 골라보세요.

A 你是客人, 你随便选。
Nǐ shì kèrén, nǐ suíbiàn xuǎn.
손님이시니까, 편하게 골라보세요.

B 好吧, 我们去吃烤肉吧。
Hǎo ba, wǒmen qù chī kǎoròu ba.
알겠어요. 우리 불고기 먹으러 가요.

단어 选[xuǎn] 고르다, 선택하다

Part 5 식사 중

다양한 표현

今天我做东。
Jīntiān wǒ zuòdōng.
오늘 제가 대접할게요.

我们AA制吧。
Wǒmen AA zhì ba.
우리 더치페이해요.

还是最好各付各的。
Háishi zuìhǎo gè fù gè de.
각자 내는 것이 좋을 것 같습니다.

당연히 저희가 대접해야지요.

当然是我们请客啦。

Dāngrán shì wǒmen qǐngkè la.

땅라 스 워먼 칭커 라

식사 대접을 할 때 쓸 수 있는 표현으로 식사에 대해 감사를 표시하는 상황입
니다.

 대화문 1

A 当然是我们请客啦。

Dāngrán shì wǒmen qǐngkè la.

당연히 저희가 대접해야지요.

B 还是我请吧，你们今天专门抽时间来陪我。

Háishi wǒ qǐng ba, nǐmen jīntiān zhuānmén chōu shíjiān lái péi wǒ.

제가 대접하는 것이 맞죠. 오늘 특별하게 시간을 내서 저를 맞이해주셨으
니까요.

A 你来到韩国是客人，这是我们应该做的。

Nǐ láidào Hánguó shì kèrén, zhè shì wǒmen yīnggāi zuò de.

한국에 왔으니 손님이죠. 이것은 저희가 해야 할 일이에요.

B 太谢谢你们了。

Tài xièxie nǐmen le.

정말 감사합니다.

단어 专门[zhuānmén] 특별히, 일부러 抽[chōu] 꺼내다, 뽑다

A 当然是我们请客啦。
Dāngrán shì wǒmen qǐngkè la.
당연히 저희가 대접해야지요.

B 今天帮了我不少忙，为了感谢你们，我来请吧。
Jīntiān bāngle wǒ bù shǎo máng, wèile gǎnxiè nǐmen, wǒ lái qǐng ba.
오늘 저에게 많은 도움을 주셨으니, 감사 표시를 위해 식사 대접할게요.

A 下次我们去中国，还得拜托你多多帮助呢，
今天必须我们请。
Xiàcì wǒmen qù Zhōngguó, hái děi bàituō nǐ duōduo bāngzhù ne,
jīntiān bìxū wǒmen qǐng.
다음에 저희가 중국에 가면 많은 도움을 받을 텐데요. 오늘은 반드시 저
희가 식사 대접하겠습니다.

B 好的，下次你们来中国，我一定好好招待。
Hǎo de, xiàcì nǐmen lái Zhōngguó, wǒ yídìng hǎohao zhāodài.
알겠습니다. 다음에 중국에 오시면 제가 반드시 잘 대접할게요.

단어 必须[bìxū] 반드시~해야 한다　招待[zhāodài] 초대하다, 접대하다

Part 5
식사 중

다양한
표현

不行，我来付。
Bù xíng, wǒ lái fù.
안됩니다. 제가 낼게요.

您是客人，应该我来付钱。
Nín shì kèrén, yīnggāi wǒ lái fùqián.
손님이신데, 당연히 제가 내야지요.

今天我请客，你们随便点。
Jīntiān wǒ qǐng kè, nǐmen suíbiàn diǎn.
오늘은 제가 대접하는 것이니 마음대로 주문하세요.

Unit 081 오늘 초대해주셔서 정말 감사합니다.

非常感谢你今天招待我。

Fēicháng gǎnxiè nǐ jīntiān zhāodài wǒ.

Unit 082 저희가 이곳에 조촐하게 자리를 마련했어요.

我们在这里简单地准备了一个席位。

Wǒmen zài zhèli jiǎndān de zhǔnbèile yí ge xíwèi.

Unit 083 오늘 어떤 술을 마실까요?

今天喝什么酒?

Jīntiān hē shénme jiǔ?

Unit 084 저는 백주를 좋아합니다.

我喜欢白酒。

Wǒ xǐhuan báijiǔ.

Unit 085 한국요리를 좋아한다고 들었습니다.

听说你喜欢韩国料理。

Tīngshuō nǐ xǐhuan Hánguó liàolǐ.

Unit 086 제가 건배 제의를 하겠습니다.

我建议干杯。

Wǒ jiànyì gānbēi.

Unit 087 우리의 합작을 위해서 건배하시죠.

为了我们的合作干杯。

Wèile wǒmen de hézuò gānbēi.

Unit 088 제가 먹어본 것 중 가장 맛있습니다.

这是我吃过的最好吃的。

Zhè shì wǒ chīguo de zuì hǎochī de.

Unit 089 다음에 한국에 오시면 제가 식사 대접하겠습니다.

下次来韩国, 我要请你吃饭。

Xiàcì lái Hánguó, wǒ yào qǐng nǐ chī fàn.

Unit 090 더 드세요.

再多吃点儿。

Zài duō chī diǎnr.

Unit 091　충분히 많이 먹었습니다.

我已经吃得足够多了。

Wǒ yǐjīng chī de zúgòu duō le.

Unit 092　음식은 입에 맞으시나요?

饭菜可口吗?

Fàncài kěkǒu ma?

Unit 093　환대해주셔서 정말 감사드립니다.

非常感谢你的款待。

Fēicháng gǎnxiè nǐ de kuǎndài.

Unit 094　제가 한 잔 드리겠습니다. 항상 돌봐주셔서 감사드립니다.

我敬你一杯, 谢谢您一直照顾我。

Wǒ jìng nǐ yì bēi, xièxie nín yìzhí zhàogù wǒ.

Unit 095　언제든 한국에 오시면 연락주세요.

不管什么时候, 只要来韩国, 就联系我。

Bùguǎn shénmeshíhou, zhǐyào lái Hánguó, jiù liánxì wǒ.

Unit 096　한국에 오시면 제가 모시고 가이드 해드릴게요.

如果您来韩国, 我一定给您当导游。

Rúguǒ nín lái Hánguó, wǒ yídìng gěi nín dāng dǎoyóu.

Unit 097　오늘 정말 좋은 시간 보냈습니다.

今天过得真的很开心。

Jīntiān guò de zhēnde hěn kāixīn.

Unit 098　저도 덕분에 좋은 시간을 보냈습니다.

谢谢你, 我也玩得很开心。

Xièxie nǐ, wǒ yě wán de hěn kāixīn.

Unit 099　오늘은 제가 한 턱 내겠습니다.

今天我请客。

Jīntiān wǒ qǐngkè.

Unit 100　당연히 저희가 대접해야지요.

当然是我们请客啦。

Dāngrán shì wǒmen qǐngkè la.

중국 식사 자리 배치

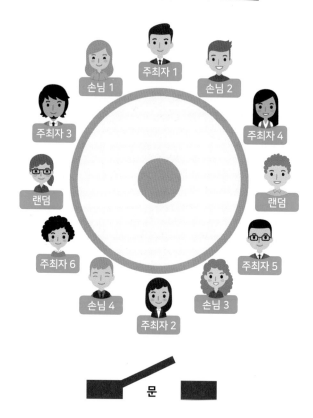

주최자 좌석은 초대한 사람이 앉는 자리로, 문을 열면 마주 보이는
자리에 위치되어 있습니다. 주인은 새로운 사람이 들어올 때 그 사
람을 확인해야 하기 때문에 출입문이 바라보이는 쪽에 앉습니다. 식
사 시 문밖의 서빙 담당 직원과 눈짓으로 소통하는 일도 많기 때문
입니다. 주최자 좌석을 기준으로 오른쪽의 손님1 좌석은 초대 받은

측의 최고위의 좌석입니다. 손님2의 좌석에는 초대 받은 측의 두 번째 사람이 앉습니다. 주최자2가 문 옆의 왼쪽 좌석에 앉습니다. 문 옆에 앉은 이유는 모임을 주관하는 주인을 도와 손님들을 모임 자리에 안내하는 접대 일을 하기 때문에 문 가까운 곳에 앉는 것입니다. 중국에서는 자기가 마시던 술잔을 상대방에게 절대로 권하지 않습니다. 또한 한국과는 다르게 첨잔을 할 수 있고, 잔을 가득 채우는 습관이 있는데 '정이 넘친다'라는 의미를 가지기 때문입니다. 자리가 멀어서 건배를 하지 못할 경우에는 술잔으로 탁자를 한 번 '탁~'치면 건배의 의미가 됩니다.

Omega 비즈니스 중국어 이메일 완전정복

권국일, 서지위 저 | 148*210mm | 320쪽 | 15,000원

일상생활 중국어 첫걸음

FL4U컨텐츠 저 | 170*233mm | 316쪽 | 14,000원(mp3 CD 포함)

탁상용

1일 5분
중국어 완전정복

최진권 엮음

mp3
무료제공
www.bansok.co.kr

* 하루에 5분! 날마다 꾸준히 공부할 수 있도록 독려하는 데일리 구성 *
* 장면별 구성으로 어느 상황에서든 유용하게 쓸 수 있는 사전식 구성 *
* 중국어 초보자도 가볍게 접근할 수 있는 사전식 구성 *
* 이 책 한 권으로 중국어 초·중급회화 완전정복 *

반석출판사
Bansok

탁상용 1일 5분 중국어 완전정복

최진권 엮음 | 140*128mm | 368쪽 | 14,000원(mp3 파일 무료 제공)